SPARKNOTES™

도덕형이상학의 기초

Grounding for the Metaphysics of Morals

임마누엘 칸트

다락원 | Spark Publishing

Grounding for the Metaphysics of Morals by Immanuel Kant

Copyright © 2002 by SparkNotes LLC
All rights reserved.
This Korean edition was published by DARAKWON Publishing Co.,
Inc. by arrangement with Sterling Publishing Co., Inc., New York
through KCC(Korea Copyright Center Inc.), Seoul.

이 책의 한국어 판 저작권은 (주)한국저작권센터(KCC)를 통한 저작권자와의
독점계약으로 (주)다락원에 있습니다. 저작권법에 의해 한국 내에서 보호를 받는
저작물이므로 무단전재와 복제를 금합니다.

SPARKNOTES™ 016

도덕형이상학의 기초

펴낸이 정규도
펴낸곳 (주)다락원

초판 1쇄 인쇄 2009년 4월 20일
초판 1쇄 발행 2009년 4월 27일

책임편집 안창열
디자인 정현석
번역 강태원
표지삽화 손창복

다락원 경기도 파주시 교하읍 문발리 509-1
내용문의: (031)955-7272(내선 400)
구입문의: (02)736-2031(내선 112~114)
Fax: (02)732-2037
출판등록 1977년 9월 16일 제300-1977-23호

Copyright © 2009, 다락원

값 7,000원

ISBN 978-89-5995-181-9 43740

http://www.darakwon.co.kr
일이관지(一以貫之) 논술팀이 제시한 실전 연습문제 답안작성
논술가이드는 www.darakwon.co.kr에서 무료 제공합니다.

세계의 교양을 읽는다

고전을 왜 읽는가?

인간의 삶과 세상에 대한 영원한 물음이 있기 때문이다. 시대와 사상을 뛰어넘어 지금 여기 우리에게 필요한 물음이 없는 고전은 더 이상 고전이 아니다. 인간과 삶에 대한 근원적인 물음 없이 고전을 읽는다면 자신과 인간에 대한 성찰과 지혜로 이어지지 않는다. 논술 시험 때문에, 과제물 때문에, 아니면 남들이 읽으니까, 나도 읽는다는 식이라면 그 책은 죽은 책일 수밖에 없다.

고전을 살아 있는 책으로 만드는 이 '물음!'에 답하기 위해서는 좋은 길잡이가 필요하다. 오랜 기간 동안 미국의 고교생과 대학 주니어들이 시험, 에세이 작성, 심층토론 준비를 위해 바이블처럼 애용해온 'SPARKNOTES'와 'CliffsNotes'는 바로 그런 좋은 길잡이의 표본이다. 이 두 시리즈가 원조 논술연구모임인 '일이관지(一以貫之)' 팀의 촌철살인적 해설을 곁들여 논술로 고민중인 대한민국 학생 여러분을 찾아간다.

SPARKNOTES와 CliffsNotes의 가장 큰 장점은 방대하고 난해한 고전을 Chapter별로 요약하고 분석해서 원전의 내용에 보다 쉽고 체계적으로 접근하는 신속·간편성이라고 할 수 있다. 여기에 '一以貫之' 팀이 원전의 중요한 문제의식, 즉 근원적 '물음'은 무엇이며, 그 '물음'은 오늘날에도 여전히 유효한가, 라는 질문을 다시 던진다.

대입논술로 고민하고, 자칭 타칭의 고전이 넘쳐나는 오늘의 독서풍토에서 지적 정복이 긴박한 대한민국 학생들에게 감히 이 시리즈를 자신 있게 권한다.

一以貫之 논술연구모임 연구실장 이호곤

차례

이 책의 구성

SPARKNOTES와 CliffsNotes는 방대하고 난해한 원작을 보다 쉽게 이해할 수 있도록 돕는 안내서입니다. 여기에는 원작 이해를 돕기 위해 매 장마다 '요점 정리(또는 줄거리)'와 '풀어보기'가 실려 있습니다. '요점 정리(또는 줄거리)'에는 원저의 내용을 일목요연하게 정리해 놓아 저자가 전달하려는 내용을 어렵지 않게 파악할 수 있습니다. '풀어보기'에서는 철학서의 경우, 원저에 담긴 저자의 사상이나 관련 철학, 시대 상황, 논점 등을, 문학 작품인 경우에는 원작에 담긴 문학적 경향, 등장인물의 심리상태, 주제 등을 설명해 놓았습니다. 분석적이고 비판적인 글읽기의 바탕이 되는 요소들이죠. 비소설이나 소설을 막론하고 분석적이고 비판적인 글읽기는 독자에게 꼭 필요한 자질입니다.

그밖에도 원저를 좀더 깊이 복습해서 제대로 소화할 수 있도록 돕기 위해 'Study Questions'와 'Review Quiz' 등을 마련해 놓았습니다.

* 〈 〉는 철학서, 장편소설, 중편소설, 수필집, 시집. " "는 단편소설, 논문
* 작품명은 독자의 이해를 돕기 위해 예외적인 경우를 제외하고는 영어식으로 표기함.

○ 일이관지(一以貫之) 논술노트

권말에는 일이관지 논술팀에서 작성한 논술노트가 실려 있습니다. 원저를 우리의 삶과 연계시켜 비판적 사고와 논리적 글쓰기의 방향을 제시합니다.

○ 실전 연습문제

논술예제와 기출문제를 통해서는 원작을 바탕으로 출제 가능성이 높은 논점을 함께 숙고해 봅니다.

간추린 명저 노트

독일 철학자 임마누엘 칸트 Immanuel Kant (1724-1804)는 동부 프러시아 발틱해 부근의 작은 마을 쾨니히스베르크에서 평생을 보냈다.(제2차 세계대전 이후, 독일 국경선은 서쪽으로 내몰려 쾨니히스베르크 마을은 오늘날 칼리닌그라드라는 러시아 영토에 속한다.) 그는 55세 때까지 자연과학에 관한 저작들을 많이 발표했고, 20년 넘게 쾨니히스베르크 대학교에서 학생들을 가르쳤으며, 독일 문학계에서도 명성이 높았다.

하지만 그는 생애 마지막 25년간의 철학 작업을 통해 플라톤과 아리스토텔레스 같은 거장 철학자의 반열에 올라섰으며, 주요 저작물 세 편은 오늘날에도 각각 근대 철학 분야의 시발점으로 여겨진다. 인간 이성 인식의 근거와 정신철학을 위한 〈순수이성 비판 Critique of Pure Reason〉(1781), 도덕철학을 위한 〈실천이성 비판 Critique of Practical Reason〉(1788), 미적 인식으로서의 예술철학, 즉 미학을 위한 〈판단력 비판 Critique of Judgment〉(1790)이 그것.

〈도덕형이상학의 기초(도덕형이상학을 위한 기초 놓기) Grounding for the Metaphysics of Morals〉는 〈실천이성 비판〉이전인 1785년에 출간되었다. 따라서 이 책은 본질적으로 제2비판서인 〈실천이성 비판〉에 실린 주장을 간략하게 소개하는 성격을 갖기 때문에 여기서 다루려는 내용을 제대로 이해하려면 칸트의 다른 저작들에 나타난 주요 이론과 당대의 지적 풍토를 잘 알아야 한다.

칸트는 '계몽기'라고 불리는 유럽 지식사의 일정 기간 동안에 살았고 글을 썼다. 17세기 중반부터 19세기 초반에 걸친 이 시기에는 프랑스 혁명과 미국 독립혁명에 영감을 주었던 인권사상과 민주주의 사상이 태동했으며, 당대의 주요 인물로는 존 로크, 데이비드 흄, 장 자크 루소, 라이프니츠 등을 꼽을 수 있다.

계몽사조의 두드러진 특징은 '이성', 즉 논리적 분석을 통해 문제를 해결하는 인간 고유의 능력에 대한 무한 신뢰였다. 계몽운동의 중심적인 은유는 몽매한 신화와 오해의 어둠을 환하게 밝혀주는 이성의 빛이란 관념이다. 칸트 같은 계몽사상가들은 스스로 역사적 상황에 의해 자신들의 신념에 담긴 분명한 이유와 논거들을 제공할 수 있는 특이한 위치에 놓였다고 생각했다. 그들의 눈에 비친 이전 세대의 사상들은 이성에 근거한 자신들의 사상과는 달리 신화와 전통에 의해 만들어진 것이었다.(이러한 사고방식에 따를 때, 권력이 자기 것이라는 프랑스 군주의 주장은 구태의연한 전통에 근거한 것이었고, 계몽이성은 차후 프랑스 혁명에 의해 창출된 공화정을 처방했다.)

칸트의 철학적 목표는 논리적인 분석을 활용해 이성 자체를 이해하는 것이었다. 세상을 분석하고 재단하기 전에 우리가 사용하게 될 이성이란 정신적 도구를 먼저 이해해야 한다고 주장했던 그는 〈순수이성 비판〉에서 인간의 정신, 즉 이성이 어떻게 정보를 수용하고 처리하는지에 관한 포괄적인 청사진을 현상하는 과업에 착수했다.

흄으로부터 영감을 얻어 그 작업에 착수한 칸트는 흄이 자기를 지적인 '선잠'에서 깨어나게 해주었다고 회상했다. 그렇게 칸트를 일깨웠던 흄의 사상은 바로 인과관계에 관한 분석이론이었다. 우리는 세상에서 벌어지는 일들을 놓고 하나의 사건이 또 다른 사건을 '불러일으킨다'고 말하지만, 우리의 지각 (知覺)들 가운데 어떤 사건이 또 다른 사건을 야기한다고 알려주는 것은 없으며 지각으로부터 인지하는 것이라고는 일정한 사건들이 규칙적으로 다른 일정한 사건들 직후에 일어난다는 사실뿐이라고 흄은 지적한다. 이처럼 일정한 사건들이 규칙적으로 다른 일정한 사건들에 뒤이어 발생하는 이유를 이해하기 위해 사용하는 개념이 '인과관계'라는 것.

흄의 생각을 받아들인 칸트는 한 걸음 더 나아가 인과관계란 단순히 인간의 지각들을 이해하기 위해 사용하는 개념이 아니라, 우리가 사용하지 않을 수 없는 개념이라고 주장한다. 우리는 그저 하는 일 없이 사건들을 쳐다보다가 그 관찰을 근거로 인과관계란 개념을 만들어내는 것이 아니라는 말이다. 예를 들어, 야구공을 맞아 창문이 깨지는 것을 보면 굳이 공이 창문을 깨는 것을 보지 않고도 공으로 인해 창문이 깨졌다고 말할 수 있듯, 우리가 특정 상황에 대해 자동적으로 갖게 되는 개념이라는 것. 즉 인과관계와 수많은 다른 기본 개념들—이를테면, 시간과 공간—은 우리 정신 속에 소위 회로화되어 있기 때문에 우리는 눈(감각)으로 본 것(대상)을 이해하려고 할 때마다 원인과 결과의 관점에서 생각할 수밖에 없다는 것이다.

칸트의 주장이 사소한 내용을 따지며 궤변이나 늘어놓는 듯이 보일 수도 있으나 실제로는 엄청난 의미를 내포한다. 우리가 인식하는 세계의 모습이 의식 속에 회로화된 개념들로 이루어진다면, 우리는 세계가 '실제로는' 어떻게 생겼는지 전혀 알 수가 없다. 우리가 인지하는 세계는 기본적인 원인 개념들(인과관계 등)과 감각적인 정보들(외관들, 즉 현상들)의 통합을 통해 형성되고, 우리는 감각적인 정보를 발산하는 '물자체'*에 대해서는 전혀 모른다. 세계에 대

---

* **물자체**(物自體. thing-in-itself): 칸트의 용어. 우리 주변에 펼쳐진 세계는 물(物)이 생긴 그대로 나타나 보이는 것이 아니고, 우리가 공간과 시간이라는 두 직관 형식에 합치하는 정보만을 선별해서 받아들여 12개의 범주(분량, 성질, 관계, 양상 등)에 따라 종합적으로 구성한 것이다. 이처럼 인간의 인식 작용에 의해 생긴 형상이 아니라 그 자체로서 존재하는 세상의 진짜 모습. 이를테면, 신, 영혼, 양심 등도 물자체에 속한다.

한 우리의 객관적인 인식이 그 세계와 마찬가지로 인간의
주관적인 정신과도 관련을 맺고 있다는 이 깨달음은 철학
에서의 '코페르니쿠스적 전회'*라고 일컬어져왔다. 지구가
우주의 중심이 아니라는 코페르니쿠스의 깨달음만큼이나
의미심장한 철학적 관점의 변화라는 것.

칸트의 통찰과 연구로 인해 기존의 수많은 관념과 사
상은 심각한 도전에 봉착했다. 예를 들면, 칸트 이전의 많은
철학자들은 신의 존재에 관한 '증거들'을 제시했는데, 그 한
가지는 우주의 '제1원인'이 분명히 존재한다는 주장이었다.
이 주장에 대해 칸트는 "우리는 어떤 절대자가 우주를 태동
시켜 차후의 모든 사건들의 근본 원인이 되는 세계를 상상
할 수 있고, 아니면 과거와 미래로까지 무한히 확장되는 끝
없는 인과관계로서의 우주를 상상할 수도 있다"고 지적했다.
그러나 인과관계는 세계가 아니라 인간의 정신으로부터 생
겨나는 개념이기 때문에 우리는 이후의 모든 사건들을 불
러일으킨 제1원인의 존재 여부는 물론이고 세상에 '실제로'
인과관계가 존재하는지의 여부도 알 수 없다. 따라서 "우주
의 제1원인은 '반드시' 존재하는가?"라는 질문은 세계 자체

---

* **코페르니쿠스적 전회**(Copernican Revolution): 칸트가 〈순수이성 비판〉에서 한 말.
  일상적으로 패러다임의 전환이란 의미로 사용된다. 그동안 우리의 인식은 대상에 의거
  한다고 생각되어 왔지만, 칸트는 이 사고방식을 역전시켜 대상이 인식을 따른다고 했다.
  과학적 인식의 근거를 객관으로부터 주관 쪽으로 옮겼다는 점에서 코페르니쿠스의 지
  동설에 비견할 만한 인식론상의 전환이라고 했던 것.

에 대한 질문이 아니라 우리가 세계를 어떻게 이해하는가에 대한 질문이므로 부적절하다는 것이다.

칸트의 연구 분석은 '자유의지'와 '결정론*'에 관한 논쟁으로 옮겨간다.(칸트는 3장에서 이 논쟁에 대한 견해를 제시한다.) 우리는 자유의지를 가지고 있다고 생각하고, 원하는 것은 무엇이든 자유롭게 선택할 수 있다고 느낀다. 그러나 동시에 우리가 경험하는 세상은 원인과 결과들이 지배하는 세상이다. 즉 우리가 관찰하게 되는 것은 모두 선행 사건(또는 행위)에 의해 비롯되었고, 심지어 우리의 선택조차 그 선행 사건들에 의해 생겨난 것처럼 보인다. 예를 들면, 당신의 선택은 부모로부터 배운 가치들에 근거한 것이고, 부모들은 그것을 조부모로부터 배웠고, 등등 계속 선대로 소급되는 것. 그러나 인간의 행동이 선행 사건들에 의해 결정되는 처지라면 도대체 우리가 어떻게 자유로울 수 있단 말인가? 여기서 다시 칸트는 분석을 통해 이러한 질문이 비논리적이고 부적절하다는 점을 잘 보여준다. 우리는 세상의 사건들을 분석할 때마다 그 원인과 결과를 포함하는 하나의 그림을 접하게 되고, 현재의 선택을 할 수밖에 없었던

---

* **결정론**(determinism): 자연적 현상이나 역사적 사건, 인간의 행위는 어떤 외적인 힘에 의해 결정된다고 주장하는 이론. 세계는 신(神)의 의지에 의해 미리 계획된 질서에 따라 운행하며 도중에 어떤 변경도 허용되지 않는다고 주장하는 예정설·숙명론, 불교의 인과응보설, 아우구스티누스·안셀무스·토마스 아퀴나스 등의 중세 신학 등.

이유를 이해하기 위해 이성을 사용하면서 인과관계에 따른 설명을 내놓을 수 있지만, 이렇게 궁리해낸 그림이 반드시 정확하지는 않다. 우리는 사물들이 '실제로' 어떤 모습인지 전혀 모른다. 그저 어쩌면 이것이 '실제로' 사실일지도 모르기 때문에 자유로운 선택을 할 수 있다고 마음대로 생각하는 것이다.

칸트는 〈실천이성 비판〉과 〈도덕형이상학의 기초〉에서 우리가 어떤 도덕적 선택을 해야 할지를 결정하기 위해 똑같은 분석적 기교(이성이 스스로를 분석하도록 하는 것)를 적용한다. 우리가 세계의 '실제' 모습에 대한 지식을 얻기 위해 세계의 단면적 그림에만 의존할 수 없듯 인간의 도덕원칙들을 확립하는 데도 세계에서 일어나는 사건들의 기댓값에만 의존할 수는 없다. 따라서 칸트는 기본적인 이성 개념에만 근거하는 도덕철학의 성립을 모색하려고 한다.

일부 후세대 학자나 철학자들은 이성에 지나친 신뢰를 부여했다는 이유로 칸트 같은 계몽철학자들을 비판했고, 일부에서는 합리적 분석 방법이 도덕 문제를 다룰 수 있는 최선책은 아니라고 주장했다. 더욱이 또 다른 철학자들은 계몽사상가들이 마치 이성의 통시대적 진리를 발견할 수 있을 것으로 생각하며 잘난 척을 했다는 주장을 펼치기도 했다. 사실상 계몽사상가들의 생각도 다른 모든 사람들의 사상과 철학처럼 당시 그들의 문화에 의해 결정되었던 것에 불과하기 때문이다. 일부 철학자들은 몽매한 세계의 신화와 미신을 축출한 계몽사상의 핵심인 이성 개념과 유럽인들이 덜 '발전된' 세계들을 자의적으로 침략하고 착취와 억압까지 가할 수 있는 (뻔뻔스럽고 폭력적인) 권리와 의무를 가진다는 관념 사이의 유사성을 지적하면서, 계몽사상을 극단적으로 제국주의적인 범죄들과 연관시키기도 했다. 우리는 〈도덕형이상학의 기초〉를 연구하면서 다른 철학자들이 칸트에게 가하는 그 같은 비판들을 다시 접하게 될 것이다.

| Who's who |

플라톤(Plato. 428-347 B.C.): 고대 그리스 철학자. 영원불멸의 개념인 이데아를 통해 존재의 근원을 밝히고자 했다. 주요 저서는 〈소크라테스의 변명〉, 〈파이돈〉 등.

아리스토텔레스(Aristotle. 384-322 B.C.): 고대 그리스 철학자. 플라톤의 제자. 인간이 감각할 수 있는 세계를 중시하고, 이것을 지배하는 원인들을 인식하고자 하는 현실주의 입장을 취했다. 주요 저서는 〈니코마코스 윤리학〉 등.

존 로크(John Locke. 1632-1704): 영국의 초기 계몽철학자이자 경험철학의 원조. 평등하게 태어난 자연 상태의 인간은 모두 생명·자유·재산에 대한 천부적 권리를 보장받아야 하며, 자연 상태가 안고 있는 분쟁의 소지를 극복하고 이들 권리를 향유하기 위해 스스로 동의한 계약을 통해 자연 상태에서 시민사회로 전환된다고 주장했다. 주요 저서는 〈인간오성론〉, 〈통치론〉 등.

데이비드 흄(David Hume. 1711-76): 영국 철학자. 홉스의 계약설을 비판하고 공리주의를 지향했다. 주요 저서는 〈인성론〉 등.

장 자크 루소(Jean-Jacques Rousseau. 1712-78): 프랑스 사상가이자 문학가. 자연 상태에서의 인간은 선하고 자유롭고 행복했으나 사회가 형성되면서 악하고 노예로 전락해 불행으로 내몰렸다고 주장. 자유 민권 사상은 자유·평등·박애를 부르짖은 프랑스 혁명지도자들의 사상적 지주가 되었다. 주요 저서는 〈인간불평등기원론〉, 〈사회계약론〉, 〈고백록〉 등.

라이프니츠(Gottfried W. Leibniz. 1646-1716)**:** 독일 철학자이자 수학자. 수학·논리학·신학·역사학 등에 많은 업적을 남김. 미적분법에 관한 연구는 미분법과 적분법의 기초가 되었다. 주요 저서는 〈단자론(單子論)〉 등.

칸트는 철학을 세 가지 학문—자연학(자연 법칙에 대한 연구), 윤리학(자유로운 존재의 행위를 지배하는 법칙에 대한 연구), 논리학(사유의 법칙들에 대한 연구)—으로 나눈다. 이들 분야는 우리의 실제 경험들에 대한 '경험주의적' 연구나 추상적 개념들을 순수하게 분석하는 것과 연관될 수 있다. '형이상학'*은 도덕적이거나 경험적인 현상을 초월한 원리·실재 또는 가설(假說)에 관한 이론을 체계적으로 연구하는 학문이다.

사람들은 일반적으로 도덕원칙들이 모든 시간과 공간에서 모든 이성적인 존재들에게 적용되어야 한다고 가정한다. 따라서 도덕원칙들은 문화나 개성의 특수성에 상반되는 이성의 개념에 바탕을 두어야 한다. 〈도덕형이상학의 기초〉가 추구하는 목표는 도덕성의 최상 원칙들을 찾아 확정짓고 사람들에게 분명히 이해시켜 올바르게 알도록 하는 것이다.

도덕적 의무들에 관한 몇몇 일반 원칙은 고차원적으로

---

* **형이상학**(形而上學, metaphysics): 경험세계를 초월해 존재하는 본질의 궁극적 원인을 체계적으로 연구하는 학문. 형이상학을 학문으로서 최초로 확립한 사람은 아리스토텔레스.

발전될 수도 있다. 첫째, 행위는 마음속에 감춰진 다른 동기가 전혀 없이 오직 선해지기 위해 행해질 경우에만 도덕적이다. 둘째, 행위의 도덕성 판단 기준은 그 결과가 아니라 동기에 존재한다. 셋째, 행위는 도덕법칙을 존중해서 행해지면, 그리고 그런 경우에 한해서만 도덕적이다.(단, 이 경우에 도덕법칙은 욕구나 욕망 같은 다른 동기들과는 대립된다.)

특수한 이익들, 구체적인 환경들, 그리고 그 결과들은 고려 대상이 되지 않고 도덕'법칙'만이 모든 상황에 보편적으로 적용될 수 있는 일반 원칙이 되어야 하고, 도덕법칙은 구체적인 행동을 명령하기보다는 행위 결과들을 고려하지 않은 채 그 법칙에 대한 순수한 존경심, 즉 순수한 동기들에 의해 행위가 행해져야 한다는 원칙을 표방해야 한다. 이러한 표준들을 충족시키는 정석(定石)을 꼽자면, 우리는 우리 행위의 격률*이 '보편적인 법칙이 되도록 그렇게 행동해야 한다'는 것이다. 사람들은 이러한 행위 준칙에 관해 나름대로의 적절한 직관능력을 가지고 있으며, 더욱이 철학이 그 법칙을 명백하게 밝히면 각자 그것을 명심하는 데 도움이 될 것이다.

---

* **격률**(格率. maxim): 개인에게 행위의 동기를 부여하는 원칙이자 주관적인 실천 원칙. 준칙(準則)이라고도 하며, 명령의 반대.

순수한 도덕적 행위의 사례를 찾기란 거의 불가능하다. 우리가 접하게 되는 거의 모든 행위가 순수한 도덕성보다는 어떤 다른 이익이나 동기에 의해 행해질 수 있기 때문이다. 그러나 이러한 사실에 낙담해서는 안 된다. 도덕원칙들은 경험이 아니라 이성으로부터 도출되기 때문이다. 다시 말해, 인간의 모든 경험은 특수한 상황들에 의존하는 반면, 그 어떤 상황에도 구애받지 않고 절대적인 정당성을 지녀야 하는 도덕원칙들은 사실상 경험세계로부터 도출될 수가 없는 것이다.

　　모든 환경에서 두루 적용되는 이성의 기본적인 도덕원칙은 '정언명법*'이라고 칭할 수 있고, 도덕법칙과 똑같은 공식으로 표현될 수 있다. 즉 "자기 행위의 격률이 '동시에' 보편적인 법칙이 되도록 바랄 수 있게 행동하라"는 것. 정언명법을 위반하는 사람들은 자신의 행동에 대해서는 다른 모든 사람에게 적용되는 보편적인 법칙 형태로서의 도덕법칙을 적용하지 않고 다른 기준을 적용하는데, 이것은 이성의 원칙을 위반하는 모순이다.

　　우리는 다른 이성적 존재들을 우리의 목적을 달성하기

---

* **정언명법**(定言命法, categorical imperative): 우리가 추구하는 목적과 관계없이 반드시 '해야 하는 것'이 무엇인지를 지시하는 무조건적 명령. 칸트가 사용한 말로 정언적 명령이라고도 한다. 반면, 어떤 목적을 이루기 위해 무엇을 해야 하는지를 말해 주는 명령은 가언명법.

위한 수단으로만 대해서도 안 된다. 이성적인 존재들은 스스로의 의지를 활용해서 예정된 목적을 추구할 능력을 지녔으며, 그 목표를 추구할 때는 결코 자신들을 다른 목적을 이루는 단순한 수단으로만 여기지 않는다. 그들 자신은 단순한 행위 수단이 아니라 그들 행위의 목적, 즉 '목적 자체'인 것. 만약 우리가 다른 이성적 존재들을 단순한 수단으로만 취급한다면, 모든 이성적 존재들이 목적 자체라는 사실을 부정하는 셈이 된다. 이런 경우에 우리의 행동 원칙들은 보편적인 법칙이 될 수 없고, 우리는 정언명법을 위반하는 것이다.

모든 이성적 존재들이 목적 자체라는 주장을 달리 표현하면, 모든 이성적 존재들은 자기 의지를 통해 실행하려는 원칙들의 입안자이자 준수자라는 것이다. 또한 정언명법은 우리는 누구나 '목적의 왕국'—모든 이성적 존재들이 모든 법칙의 입법자인 동시에 준수자이면서 자신과 타인을 목적 자체로 생각하는 법률공동체—에서 법칙이 될 수 있는 원칙들에 따라서만 행동해야 한다는 요구로 공식화될 수 있다 .

이제까지의 주장은 도덕법칙의 본질은 밝혔으나 인간이 왜 도덕적이어야 하는지에 대한 근거는 제시하지 못했다. 도덕성의 바탕은 자유라는 개념이고, 이 개념은 의지의 자율성을 설명하는 열쇠다. 우리는 욕구와 욕망의 제물이 되거나 상황의 포로가 되면 '타율' 상태에 빠지고, 우리의 의지는 우리들 외부의 무언가에 의해 결정된다. 그러나 우리가 정언명법을 준수하고 보편적 법칙이 될 수 있는 격률들을 선택하면 '자율' 상태에 놓이게 되고, 이성을 활용해 자신의 행동 법칙들을 결정하게 된다. 다시 말해, 자유로워지는 것.

　의지의 자유는 경험을 통해서는 결코 발현될 수 없다. "우리가 이해하고 있는 세상의 모든 것은 선행 조건들을 근거로 설명이 가능하다"는 것은 이성의 원칙이다. 즉 우리가 관찰하고 이해하는 현재 세계는 인과법칙의 지배를 받는 세계지만, 단지 이성이 '겉모습'을 인식하면서 나타나게 하는 그림에 불과하다. '물자체'의 세계—우리가 감관으로 경험할 수 있고 개념을 통해 이해할 수 있는 세계이자 자연의 필연성이 지배하는 세계인 감성계의 배후나 근저에 놓여 있는 사물들의 세계—는 의지의 자유를 포함하는 동시에 다른 특질들을 가지고 있는지도 모른다. 우리는 물자체에 대해서는 알 수 없다. 따라서 의지의 자유의 존재성에 대한 입증과 반증이 모두 불가능할지도 모른다. 그저 우리가 불분명하게나마 인식하고 있다고 추정하는 것은 우리가 의지의 자유라는 추상적 개념을 가졌고, 도덕성이 바로 이 개념에 근거하고 있는지도 모른다는 사실뿐이다.

● **경험적인** empirical ┃ 눈에 보이는 증거에 바탕을 두거나 그것과 관련된. 따라서 경험적 사실은 증거에 의해 구체화된 사실을 가리킨다.

● **계몽운동** Enlightenment ┃ 17세기 후반부터 19세기 초반에 걸쳐 유럽 지성사의 한 시대에 전개된 운동. 이성의 힘을 믿으면서 전통적 가설들에 대해 도전하려고 든 것이 특징.

● **이성** reason ┃ 논리적으로 분석하고 주장할 수 있는 능력. 이러한 의미에서는 논리적인 숙고나 주장, 또는 자신의 신념에 '분별력'을 주는 개념을 의미하는 '추론'이란 용어와 관련이 있다. 칸트 같은 계몽사상가들은 이성이 철학적 · 과학적 · 정치적인 기본 의문들에 대해 명확한 해답을 제공할 수 있을 것이라고 믿었다.

● **의지** will ┃ 어떤 목표를 실현하거나 세상사에 영향을 미칠 수 있도록 하려는 마음자세.

전체적인 분석과 주제들

각 장의 '풀어보기'에서는 칸트에 대한 비판을 많이 접하게 된다. 어떤 철학자들은 인간의 도덕적 신념은 이성이 아니라 직관에 의존한다고 주장하는가 하면, 도덕적인 문제들은 우리가 살고 있는 사회의 배경과 상황 속에서 해결되어야 한다고 생각하는 헤겔*은 도덕적 신념들이 (칸트의 주장처럼) 무조건적이라는 이론은 결코 성립될 수 없다고도 말한다. 더욱이 니체는 이성이 도덕적 자유의 근원이라기보다는 오히려 자유로운 행동을 선택하는 데 장애가 되는 요소라고까지 주장했다.

이러한 비판들은 공통적으로 칸트의 논거가 지나치게 추상적이기 때문에 현실적인 효용성이 떨어진다고 지적한다. 특별한 시간대와 특정한 장소에서 살아가는 인간으로서의 우리가 합리성만을 인성(人性)의 다른 여러 특성들로부터 분류해낸다는 것은 반드시 가능한 일도 아닐 뿐더러 바람직하지도 않다. 우리는 추상적인 개념들의 논점에 관해

---

* **헤겔**(Friedrich Hegel, 1770-1831): 칸트 철학을 계승한 독일 관념론의 대성자. 합리주의적 계몽사상의 한계를 통찰하고 역사의 의미에 눈을 돌렸다. 모든 인식이나 사물은 정(正)·반(反)·합(合)의 3단계를 거쳐 전개된다는 변증법이 그의 철학과 논리학의 핵심. 주요 저서는 〈정신현상학〉 등.

얼마든지 추론할 수 있고 타인들이 처한 상황들도 마음대로 상상할 수 있지만, 우리의 (사색과 행동의) 출발점은 항상 우리들 자신의 생활 현실이어야만 한다.

만약 계몽사상처럼 "우리가 개인적인 특수성들을 무시하고 보편적인 이성 원칙들을 찾아낼 수 있다"는 식으로 추단하려고 든다면, 흔히 누구나가 범하게 되는 전형적인 '실수'가 될 것이다. 이러한 '실수'는 당시의 계몽철학자들이 상대적으로 동질 문화권(18세기 유럽 문화권)이나 동질 계급(상대적으로 안정된 경제 계층)에 속했기 때문에 가능했는지도 모른다. 이 같은 동질성들로 인해 그들은 특정한 문제들을 지나치게 단순화시켰을지 모르고, 실제로는 자신들의 문화적인 배경과 경험들에 근거하고서도 자신들의 답변이 '합리적'이라고 추론했을 가능성이 있다.

한편, 일반적인 계몽시대의 철학과 칸트의 철학은 결코 특권 계층을 대변하거나 특권 계층의 철학이 아니다. 실제로도 칸트의 사상은 급진적일 만큼 평등주의적이었다. 칸트에 따르면, 도덕적 진리들은 성스러운 신의 계시나 영감 따위를 통해 높은 곳으로부터 전수되는 것이라기보다는 도덕에 관해 사색하는 수고로움을 아끼지 않는 만민(모든 이성적인 존재들)의 이치에 닿는 이성에 근거해서 생겨난다. 오늘날 현대인들 역시 도덕적인 견해들을 채택하고 지지하는 열정을 가지고 있다는 사실은 많은 사람들이 "도덕적 원칙들은 절대적이고 보편적이어야 한다"는 칸트의 견해에 동조한다는 것을 시사한다. 우리는 칸트 시대의 사람들보다 다양성에 대해 더 많이 인식하게 되었을지 모른다. 그 결과, '서양인들의 이치에 닿는 것이라면 당연히 다른 문화권 사람들에게도 설득력을 가질 것'이라거나 '우리에게 합리적인 것은 너희들에게도 합리적일 것'이라는 식의 단순하고 획일적인 사고방식을 칸트보다는 덜 신뢰할 수도 있다. 그럼에도 불구하고 칸트 시대처럼 오늘날에도 여전히 자신들의 도덕적 신념에는 단순한 문화적 편견들 이상의 무엇이 존재한다고 생각하려는 경향이 있다.

다른 위대한 철학자들처럼 칸트의 주장들 역시 광범위한 반향을 불러일으켰다. 물론, 여기에는 긍정적인 견해들과 부정적인 견해들이 공존한다. 그러나 현대인들이 칸트의 이론들에 대해 어떻게 생각하든 '철학에서의 코페르니쿠스적 전회'의 역사적 충격을 과소평가하기는 어렵다. 더군다나 칸트가 세상을 떠난 지 200년이 지난 오늘날에도 여전히 그의 주장들은 철학에서 아주 강력한 영향력을 행사하고 있다.

Chapter별
정리
노트

Preface
서문

고대 그리스 철학은 논리학, 물리학(자연철학), 윤리학 (도덕철학)의 세 분야로 나뉘었다. 이러한 구분은 나름대로 타당성을 지닌다. 논리학은 다른 물체나 대상들과는 무관한 독립적이고 순수한 생각에 대한 학문이고, 물리학은 물질세계에서 사물들이 어떻게 이루어지고 생겨나는지를 연구하는 학문이며, 윤리학은 인간세계에서 사물들이 어떻게 발생해야 하는가에 대한 학문이다.

철학은 순수이론이냐 아니면 경험을 추구하느냐에 따라 (순수) 선험철학과 경험철학(귀납철학)으로 구분되기도 한다. 선험철학은 경험이나 지각작용으로부터 독립해서 머리에 떠오르는 선험적인 개념들에 대해 연구하는 반면, 경험철학은 주변 세계의 일상 과정 속에서 인간이 겪게 되는 경험 대상들을 다룬다. 논리학은 형식적인 사고의 과정과 절차에 관련한 순수철학이고, 형이상학은 세계를 이해하려는 우리의 노력에 적용되는 순수철학이다. 물리학과 윤리학은 경험적 특성과 형이상학적 특성을 모두 가지고 있다.

우리가 이 책에서 수행할 의무는 경험적인 관찰들보다는 이성이라는 선험적 개념에 기반을 둔 도덕형이상학이란 순수철학을 발현시키는 일이다. 그러한 도덕철학이 마땅히 가능하다는 것은 도덕적 의무들이 비단 특수한 상황에 처해 있는 특정인들에게만 적용되는 제한적인 규칙에 불과한 것이 아니라 모든 시대의 모든 이성적 존재들에게 적용되는 보편적이고 절대적인 법칙이란 사실을 감안하면 자명해진다.

우리는 일상생활을 하면서 수많은 상황과 환경들에 대해 도덕법칙들을 적용해야 하고, 도덕성의 원리들을 분명히 이해하게 되면 도덕적인 책임을 확실히 파악할 수 있고 우리 행위의 동기들이 순수하다는 것을 보장할 수도 있다. 만약 어떤 행동들이 외관상으로는 도덕법칙에 부합하는 듯해도 도덕적인 동기가 결여되어 있다면, 진정으로 도덕적이라고 할 수 없다.

〈도덕형이상학의 기초〉의 목표는 최상의 도덕원칙을 찾아서 확정하는 것이다. 칸트는 도덕철학을 기존보다 훨씬 더 완벽한 방법으로 연구해서 그 목표를 달성하고자 한다. 이 책은 〈실천이성 비판〉에 좀더 쉽게 다가서도록 하기 위해 저술된 것이다.

칸트가 서문에서 구분하는 '순수'와 '경험'이란 개념은 칸트의 철학체계에서 매우 중요하다. '순수(pure)' 또는 '선험적(*priori*)'이란 개념은 우리가 마음속으로 어떤 사물들에 대해 생각할 때, 그것들이 실제 세계에서 어떻게 발생하는지 경험하지 않고도 우리에게 저절로 떠오르는 개념이다. 그리고 '경험적(empirical)' 또는 '후험적(*posteriori*)'이란 개념은 우리가 이 세상을 직간접으로 경험하면서 얻는 개념이다.

〈순수이성 비판〉에서 칸트는 세계에 대한 수많은 기본 개념들—시간, 공간, 인과관계 등—이 선험적인 개념에 속하며, 이것들은 구체적인 경험을 통해 추정/예측된다기보다는 우리의 뇌 속에 마치 회로처럼 내장되어 있다고 주장했다.(즉 선험적 개념들은 경험과 무관하고 경험에 앞서며 경험을 초월해서 존재한다.) 그리고 이런 주장은 인간오성*의 한계와 전통 철학의 오류들에 관한 여러 가지 흥미로운 결론으로 이어진다. 이 책에서는 도덕철학에 관해서도 유사

---

* **오성**(悟性, understanding): 넓게는 사고하고 판단하는 능력을 뜻하며, 일반적으로는 여러 감각적 능력인 감성과 대립되는 의미. 특히 칸트 이후에 정착된 오늘날의 용법에서는 보다 고차원적인 인식 능력 또는 능력 일반인 이성 다음의 위치를 차지하는 것으로 간주된다.

한 주장을 펼친다. 먼저 어떤 구체적인 상황이나 경험과 독립해서 우리 머릿속에 떠오르는 도덕적 사고의 기본 원칙들을 규명하고, 도덕성에 대해 (자신의 이론과는) 다른 근거들을 제시했던 철학자들에게 상당한 비판을 가하는 것.

칸트는 자신의 이론은 도덕에 관한 직관*들에 근거할 때 타당성을 지닌다고 주장한다. '서문'의 중간쯤에서는 우리가 도덕성에 대해 생각할 때, 도덕법칙이란 모든 시대의 모든 사람들에게 적용되어야 한다고 추단하는 것은 자연스러운 현상이라고 단언하고, 그 근거로 도덕적인 행위란 도덕성 자체만을 위해 행해져야 한다는 사고방식을 내세운다. 우리의 행위가 도덕적이려면, 도덕적 행위에 대한 순수한(비이기적이고 사심 없는) 동기를 가져야 한다는 것. 그러나 특수한 상황들이 도덕성에 개입되는 순간, 전적으로 순수한 동기를 생각한다는 것은 불가능해진다. 그 어떤 구체적인 상황 속에서도 우리는 공평무사하고 순수한 도덕적 동기를 가질 수 없으며, 반드시 특수한 이해관계에 빠지게 되고 그 같은 이해관계가 동기의 일부분을 구성하게 되는 것이다.(따라서 그러한 도덕적 동기에는 불순물이 들어 있다고 할 수밖에 없다.)

---

* **직관**(直觀, intuition): 판단·추론 등의 매개 없이 대상을 직접 인식하는 작용, 또는 그 결과로 얻은 내용.

이러한 일련의 사고 과정을 통해 칸트는 우리가 도덕성을 확실히 이해하려면 이성이라는 순수하고도 선험적인 개념에 근거해야만 한다는 결론에 도달한다. 순수한 선험적 개념들은 우리가 세상에 대해 어떤 경험을 하기 이전에 이미 정신 속에서 형성되거나 떠오르는 개념들이다. 만약 도덕원칙들이 경험을 통해 도출된다면, 우리가 구체적으로 경험하게 되는 제한된 사건들의 범위에만 의존하게 되기 때문에 보편성을 획득할 수 없다. 따라서 칸트의 주장대로 도덕원칙들이 보편타당할 수 있으려면, 반드시 선험적(또는 초월적) 개념들의 본질적이고도 고유한 정당성에 의존하지 않을 수 없다.

이 같은 주장은 칸트가 '이성적 존재'와 '인간'을 의도적으로 뚜렷이 구분하고 있다는 사실에서 좀더 분명해진다. 인간이란 말에는 어떤 인간적 본성이 필연적으로 내포되어 있다. 즉 화를 내고 사랑에 빠지는 등의 감정적·신체적인 욕구들을 가지고 있는 것. 칸트의 입장에서 볼 때, 인간의 본성은 인간에게 영향을 미치는 특별하고도 구체적인 사정이기 때문에 도덕적 사고의 고려 대상이 되어서는 결코 안 된다. 우리는 인간과는 다른 본성을 지닌 어떤 별개 형태의 이성적 존재들, 예컨대 외계인에 대해서도 생각해 볼 수 있겠지만, 다소 괴물 같은 생명체의 잔인한 행동을 용인하려 들기보다는 우리의 도덕원칙에 따라 우리에게 적용해 왔던 것과 동일하게 그들을 규율하려고 들 것이다. 칸트에 따르면, 이러한 사실은 우리의 도덕적 사고가 자연적인 본성이나 타고난 기질의 이해에 바탕을 둔다기보다는 보편적으로 (나아가서는 우주적 차원에서도) 적용 가능한 개념들에 근거한다는 것을 입증해 주는 사례다. 그리고 우리가 모든 사례에 적용 가능한 것으로 인식할 수 있는 유일한 개념들은 바로 어떤 구체적인 경험이나 상황으로부터 독립해서 선험적으로 우리의 머릿속에 떠오르는 개념들뿐이다.

칸트가 이렇게 주장하는 대목에서는 어쩌면 사람들이 마치 로봇처럼 행동하기를 원하는 것 같다는 생각이 들 수도 있다. 그의 설명에 의하면, 도덕성은 우리에게 자연적인 본성으로부터 합리성을 분리시키고 사리에 맞는 논리적인 원칙들에만 근거해서 행동할 것을 요구하는데, 그 사고방식의 바탕에는 계몽사상이 단단히 자리 잡고 있다. 당대의 수많은 철학자들처럼 칸트도 이성이 문화와 역사를 초월하는 근본적인 진리의 근원이라고 이해한다. 합리적인 사고는 만민의 사리에도 맞고 보편적이다. 칸트는 철학의 임무는 바로 이러한 사상들을 더욱 확고하게 이해해 가는 과정이며, 합리적인 사상들은 강력한 권위를 가지고 있다고 믿는다. 이성에 근거한 도덕성이라면 만민의 사리에도 어긋나지 않을 것이고, 따라서 합리적인 사상들이 특정한 부류의 사람들에 의해서만 받아들여진 도덕체계보다 우월하리라고 생각하는 것.

칸트 비판자들은 전적으로 이성의 토대 위에서만 도덕체계를 구축하려는 그의 노력을 공격해 왔다. 어떤 철학자들은 도덕적 원리들에 대해 이성적으로만 추론한다는 것은 부자연스럽다고 반박한다. 실제로도 우리는 우리가 느끼는 것이 과연 도덕적 행위 과정인지의 여부를 결정하기 위해 논리적이고 이성적인 분석보다는 다소 직관에 의존하고 있다. 또 어떤 철학자들은 인간의 합리성을 인간이 속한 자연과 문화로부터 분리시킨다는 것은 불가능하다고 반박한다. 우리 모두의 사리에 맞는 규율이나 원리들은 우리가 부모나 공동체로부터 배운 생각이나 편견들과 밀접한 관련을 맺고 있기 때문이다. 그리고 일부 철학자들은 우리가 도덕에 대해 이성적으로만 생각해야 한다는 칸트의 사고방식은 그 자체가 하나의 문화적인 편견으로서 다른 문화권에 살고 있는 사람들이나 다른 시대의 사람들에게는 적용되지 않는다고 비판한다.

한편, 우리에게는 일정한 도덕적 사상들의 기본 원리들이 지역에 따른 문화적 편견을 초월하는 그 어떤 보편성에 근거하고 있는 것이 틀림없다고 믿는 경향이 아주 두드러진다. 굳이 예를 들면, 대체로 유럽인들은 기본적 인권들이 모든 사회에서 존중되어야 한다는 생각을 가지고 있다. 이 견해에 따르면, 인권사상은 특정 공동체들을 초월해서 모든 시대 모든 장소에 두루 적용되는데, 이러한 사고방식은 계몽시대에 살았던 칸트와 동료 사상가들 영향이 아주 크다고 할 수 있다.

이 같은 논점들을 명심하면서 〈도덕형이상학의 기초〉를 읽고, 칸트의 이론들을 가능한 한 객관적으로 평가해 보자. 칸트는 서문에서 보편타당성을 지닌 구체적인 도덕원칙의 실례로서 누구든 거짓말을 해서는 안 된다고 주장한다. 그 밖의 많은 도덕적 원칙들과 구체적인 예들은 이 책의 뒷장에서 제시될 것이다.

주의: 독일어에는 영어의 'man'에 해당하는 단어가 두 개 있다. 하나는 남성(male adult), 또 하나는 '인류(mankind)'라는 의미를 지니고 있다. 칸트가 후자의 의미로 'man'을 사용할 때도 영어로는 'man' 또는 'men'으로 흔히 번역되지만, 이때는 논쟁의 불씨를 안고 있기 때문에 가급적이면 'human being' 또는 'person'으로 번역하는 것이 낫다는 주장이 있다. 칸트도 여성들의 지적인 능력에 관해서는 당대의 편견을 공유하고 있었으나 일부 번역물에서 나타나는 것처럼 그렇게 성차별적이지는 않다.

Chapter 1
도덕에 대한 평범한 이성 인식에서
철학적 이성 인식으로의 전이(轉移)

:요점정리

세상에서 명백하게 선하다고 여길 수 있는 것은 선한 의지뿐이다. 여러 가지 특질의 개성들(기지, 지성, 용기 등)이나 다양한 특성의 행운들(부와 재산, 높은 지위와 신분, 양질의 건강상태 등)은 사용 목적에 따라 선할 수도 있고 악할 수도 있다. 반면, 선한 의지는 비록 그 노력이 긍정적인 결과들을 빚어내지 못하더라도 그 자체로 선하고, 유익함이나 무익함은 그 의지의 가치에 아무런 영향을 주지 못한다.

세상의 모든 생명체들은 각자 존재 목적을 지니며, 그 목적은 각자의 목적에 가장 부합하는 기관이나 기능에 의해 달성되고 충족된다는 것이 그 유기적인 존재들의 구성 원리다. 추정컨대, 각 존재의 최고 목적은 자기보존과 행복의 성취다. 그런데 자연은 이러한 의도를 그 유기적인 존재의 이성으로 실행하게 했다는 점에서 준비를 아주 잘못한 셈이다. 이성은 그 목적들에 대해서는 본능만큼 제대로 기능을 발휘하지 못하는 것 같다. 실제로 이성 능력을 열심히 사용하는 사람들은 대개 평범한 부류의 인간들보다 행복하지 못하고 오히려 고통만 짊어졌을 뿐이기 때문에 어느 정도 이성혐오증을 가지고 있다. 그 결과, 그들은 모든 행동에서 본능에 잘 이끌리고 이성의 영향을 받지 않는 보통 사람들의 행복을 부러워하는 반면, 보통 사람들은 이성을 경멸적으로 바라본다. 그럼에도 불구하고 이성이 존재한다는 것에는 개인의 생존과 행복을 초월하는 고차원적인 의도가 깔려 있다는 생각이 감춰져 있다. 이성의 진정한 사명은 행복 성취 등의 다른 목적에 유용한 수단으로서가 아니라 그 자체로 선한 의지를 만들어내는 것이고, 이 일에는 이성이 절대적으로 필요하다.

　선한 의지의 구체적인 책임(양심의 명령)은 '의무'라고 불린다. 우리는 의무에 관한 세 가지 명제를 성립시킬 수 있다. 첫째, 행동이란 '의무이기 때문에' 행해졌을 경우(양심의 명령에 따라 행해졌을 경우)에만 참으로 선하다. 때로는 사람들이 의무감 이외에 다른 이익이나 충동에 따라 행위를 했지만 의무감 때문에 이루어진 행위와 일치하는 경우가 있다. 예를 들어, 상점 주인은 모든 고객에게 공정한 가격에 물건을 팔아야 할 의무가 있지만, 정직이라는 상거래 의무보다는 다른 상인들과의 고객 유치 경쟁 때문에 불가피하게 가능한 한 최저 가격을 제시하지 않을 수 없는 경우가 있다. 마찬가지 논리로, 모든 사람들은 어려움에 처한 사람들을 당연히 도와야 할 도덕적인 의무가 있으나, 대다수 사람들은 도의심에 근거하기보다는 타인을 돕는 행위 속에서 그 타인에게 행복이 전달되는 동시에 자신도 기쁨을 느낄 수 있기 때문에 돕는다. 이처럼 의무감이 결여된 행위는 칭찬과 격려는 받을 수 있을지언정 높은 평가를 받지는 못한다. 다시 말해, 어려움에 처한 사람에게 박애주의적인 마음을 전혀 느끼지 않으면서도 의무이기 때문에 도울 경우에만 비로소 그 행위는 도덕적 가치를 지니게 되는 것이다.

둘째, '의무이기 때문에' 하는 행위의 도덕적 가치는 그 행위를 통해 달성하려는 의지의 목적이 아니라 행위를 결심할 때 준수하는 '격률'에 존재한다. 이 원칙은 첫 번째 원칙과 유사하다. 의무감 이외에는 다른 목적이나 동기가 없이 행동할 때만 선험적으로 타당한 도덕원칙을 인식하고 이루어진 행위가 되는 것이다. 이와는 대조적으로 그들이 특별한 결과를 창출시키기 위해 행위에 착수한다면, 단순한 의무감 이외의 다른 동기를 가지고 있는 것이 된다.

셋째, 의무란 '도덕법칙'에 대한 '존경심'이 우러나서 행해져야 한다. 이 명제는 앞의 두 명제로부터 나오는 결론이다. 그 어떠한 생명체도 본능에 따라 행동할 수 있고, 우연한 사건들조차 도덕적으로 긍정적인 결과들을 창출할 수 있다. 그러나 오직 이성적 존재만이 일반적인 도덕법칙을 인지할 수 있고, 나아가 그것에 대한 존경심에서 행동할 수 있다. 여기서 언급된 존경심이란 그 법칙의 위대함에 대해 느끼는 감정적인 존경심이 아니라 그것이 다른 모든 이해관계나 관심을 초월하는 이성의 명령임을 올바르게 깨닫는 사람이 지니는 도덕적 동기다.

특수한 상황과 동기들이 보편적인 도덕원칙들의 고려대상이 될 수는 없기 때문에 그 도덕'법칙'이 이런 행동은 허용하고 저런 행동은 금지하는 특수하고 개별적인 규정이 될 수도 없으며, 모든 상황에 보편적으로 적용될 수 있어야 한다. 따라서 도덕법칙에 따르면, 우리는 우리 행동의 격률(동기를 부여해 주는 원칙)이 하나의 보편적 법칙이 되도록 바랄 수 있게 행동해야 한다.

거짓 약속은 이러한 도덕법칙을 위반하는 예다. 개중에는 때때로 난처한 상황을 모면하기 위해 선의의 거짓말이 허용되어야 한다고 말하는 사람이 있다. 또는 거짓말로 인해 나중에 훨씬 더 큰 어려움이 생길 수도 있으니 거짓말을 해서는 안 된다고 생각하는 사람도 있을 것이다. 그러나 두 경우 모두에서 행위자를 숙고하게 만드는 것은 도덕적 의무에 대한 존경심이 아니라 (거짓 행위의) 결과에 대한 두려움이다. 도덕법칙을 적용해 보면, 거짓말이 결코 보편적 법칙이 될 수 없다는 것을 확연히 보여준다. 만약 누구나가 거짓 약속을 일삼는다고 가정한다면, 과연 우리 사회에 '약속'이란 단어가 존재할 수 있겠는가!

비록 대다수 사람들이 도덕법칙을 의식하지 못하더라도, 심지어는 도덕적으로 훈련이 전혀 되어 있지 않은 사람들조차 실제로는 도덕법칙을 준수하는 탁월한 능력을 보여준다. 이론적인 문제들에 대한 사람들의 판단 능력은 일반적으로 부실한 편이지만, 실천이성 분야에서의 판단 능력은 대체로 정확하다. 예를 들면, 사람들은 대개 도덕적인 관심사에는 신체적인('감각적인') 동기를 포함해서는 안 된다는 것을 잘 알고 있다. 그럼에도 불구하고 도덕에 대한 철학적인 이해가 중요한 까닭은 도덕적 훈련이 결여되면 비도덕적인 욕구들, 관심사항들, 그리고 욕망들의 꾐에 빠지거나 혼란스러워질 수 있기 때문이다.

: 풀어보기

이 장에서 칸트가 주장하는 이론들은 복잡하고 난해하기 때문에 좀더 압축된 형태로 살펴보면 도움이 될 듯하다. 우선, 칸트의 가설은 행위는 '그 자체로' 선하고 또 그럴 경우에만 도덕적이라는 것에서 출발한다. 이러한 견해는 두

가지 중요한 의미를 함축하고 있다. 첫째, 도덕적 행위들은 불순한 동기를 가져서는 안 된다. 만약 불순한 동기를 갖게 되면, 본질적인 선한 의지보다는 부수적인 동기에 근거하는 것이다. 둘째, 도덕적 행위들은 가능성 있는 결과를 염두에 두고 행해서는 안 된다. 만약 결과에 연연하게 되면, 그 행위는 특별한 결과를 창출해낸 점에서는 가치를 지니지만 행위 자체로는 선할 수 없다.

우리는 동기를 부여하는 상황이나 의도된 결과들을 고려할 수 없다면, 보편타당한 원칙—어떤 논점들을 고려하더라도 항상 타당한 원칙—을 찾아내야 한다. 이 기준에 부합하는 유일한 원칙들은 선험적인 이성의 원칙들, 즉 우리의 진술들이 이치에 맞으려면 반드시 준수해야 하는 논리의 원칙들이다.

논리의 기본 원칙들 가운데 하나는 비모순(非矛盾)의 원칙으로, 진술들이 모순되면 이치에 어긋나는 것이다. 칸트의 도덕법칙도 이 원칙에 근거한다. 행위가 도덕적이 되기 위해서는 그 자체로 선해야 하고, 그 자체로 선하기 위해서는 순수한 논리적 관점에서 이치에 닿아야 하며, 이치에 닿으려면 모순된 말을 해서는 안 되는 것이다. 만약 거짓말을 하면서도 남들이 믿어주기를 기대한다면 모순이다. 거짓말을 하게 된 원인은 (논리적) 보편타당성을 결여하는 것이고, 따라서 비도덕적인 것.

1장 말미에서 칸트는 도덕법칙에 대한 자신의 분석이 실질적으로는 우리가 이미 직관적으로 사용하고 있는 도덕 감각의 형식화에 해당하고, 우리가 도덕감각의 원칙들을 좀 더 의식적으로 이해하면 더욱 도덕적으로 행위하는 데 도움이 될 수 있다고 주장한다. 칸트의 주장이 복잡하다는 점을 감안하면, 칸트가 사람들이 이미 알고 있는 것을 굳이 가르치고 있을 뿐이라고 생각한다는 점은 놀랍게 느껴질 수도 있다. 그러나 칸트의 도덕법칙이 근본적으로는 "남이 너희에게 해주기를 바라는 그대로 남에게 행하라"는 성경의 가르침과 일치한다는 점을 깨닫는다면, 그의 주장이 그다지 놀랍게만 들리지는 않을 것이다. 칸트는 우리가 자기모순에 빠지면 합리적인 도덕원칙을 위배하는 것이고, 다른 사람들이 모방하지 않기를 바라는 방식으로 행동하면 자기모순에 빠지는 것이라고 주장한다. 실제로 칸트의 도덕원칙은 타인들에 대한 존경과 배려의 원칙이나 매한가지다.

칸트의 도덕이론은 너무 추상적인 나머지 실용성이 없다는 비판을 받는다. 그 같은 비판을 제기하고 발전시킨 대표적인 인물이 헤겔이다. 헤겔은 우리의 사고는 우리가 몸 담고 있는 사회의 신념, 제도, 전통들에 의해 구성된다고 주장하고, 칸트를 비판하는 과정에서 사람들의 어떤 행동들이 자기모순인지를 인식하기 위해서는 반드시 그들 사회의 기본 골격 정도는 알아야 한다고 지적했다.

도둑질 금지를 예로 들어보자. 사유재산권이 존중되는 곳이라면 도둑질은 논리적으로나 도덕적으로 모순이다. 왜냐하면, 만약 당신이 다른 사람의 물건을 도둑질한다고 가정할 경우, 비록 자기는 원소유주의 소유권을 존중하지 않았으면서도 정황을 모르는 타인들이 그 장물에 대한 자신의 소유권은 제대로 인정해 주기를 기대하기 때문이다. 여기까지는 칸트의 분석이 적절하고 유효하다. 그러나 사유재산권이 없는 세계, 모든 것을 공동 소유하는 세계를 생각해 보자. 그곳에서는 애초부터 사유재산 같은 것은 존재하지 않기 때문에 절도죄 따위는 성립하지 않을 것이다.

거의 모든 도덕원칙들에 대해서도 똑같은 분석이 적용될 수 있다. 우리 사회에서는 배우자를 기만하는 행위는 비윤리적이다. 결혼 당시에는 혼인 서약을 굳게 받아들이고 나서 차후에 어기는 것은 자기모순이기 때문. 그러나 외도를 비윤리적이라고 생각하지 않을지 모르는 색다른 혼인제도를 가진 세계도 상상할 수 있다. 마찬가지로 우리 사회에서는 거짓 약속이 비윤리적이다. 우리 사회에는 약속이란 것이 존재하고, 일단 약속을 하면 그 약속이 지켜질 것이라고 서로 기대하는 것. 그러나 거짓말하는 것도 다른 기대치를 가진 사회에서는 무언가 다른 것을 의미할 수 있다.

헤겔의 분석에 따르면, 비모순(非矛盾)의 원칙이 도덕적 사고의 요소라는 칸트의 깨달음은 옳지만, 우리들이 우리 세계가 처한 상황들을 전혀 고려하지 않고도 도덕원칙들을 발전시킬 수 있다는 생각은 잘못된 것이다. 도덕성은 순수이성만을 지니고 살아가는 기계적인 사람을 대상으로 하는 그 무엇이 아니라, 때때로 자신들의 사적인 이익을 공동체의 기본 원칙들에 종속시켜야만 하는 인간들에 대한 배려이기 때문이다.

헤겔의 공격으로부터 칸트를 옹호하려는 키에르케고르* 같은 철학자들은 헤겔이 우리의 도덕이나 사상의 형성에 기여하는 사회제도의 역할을 지나치게 강조한다고 비판한다. 또 다른 철학자들은 우리가 주변의 사회 형태와 구조, 그리고 관습에 전혀 구애받지 않고 우리에게 타당한 의미를 부여할 도덕이론들에 관해 추론하는 과정에서 칸트의 이론이 사회의 영향을 인정하는 다른 이론들보다 소속사회의 구속에서 탈피할 수 있는 자유를 더 많이 허용하는 이점이 있다고 설명한다. 이러한 주장과 칸트에 대한 이견들을 참고하면서 2장과 3장에서 전개되는 도덕이론의 심화를 검토하기로 하자.

여담이지만, 찰스 다윈이 자연선택에 의한 진화론을 주장하던 시기보다 50년 이상 앞서서 칸트가 〈도덕형이상

---

* **키에르케고르**(Soren Kierkegaard, 1813-55): 덴마크 철학자이자 신학자. 현대 기독교 사상과 실존주의 사상의 선구자. 기독교를 철학이나 사색의 대상이 아니라 삶이나 존재의 방식으로 여겼다. 주요 저서는 〈죽음에 이르는 병〉 등.

학의 기초)를 집필했다는 사실에 주목하면 흥미로울 것이다. 현대적인 관점에서, 유기체의 욕구들은 일반적으로 최적의 기관에 의해 충족된다는 칸트의 주장은 다소 이상하게 들릴지도 모른다. 진화생물학자는 생명체의 기관과 기능들은 생존의 필요성에 부응하기 위해 오랜 세월에 걸쳐 진화했다고 주장할 것이고, 이 관점에 따르면, 그 기관과 기능들은 생존의 필요성에 제대로 부응하지 못하면(또는 어느 기간 동안 생존의 필요성에 부응하지 못했더라면) 퇴화하거나 존재하지 않을 것이다. 말인즉슨, 우리의 기관과 기능들은 여하간 반드시 작용해야 한다는 것이지, 꼭 자신들에게 가장 적합한 임무를 수행한다는 것이 아니다. 그러나 자연에 관한 칸트의 구태의연한 견해는 그의 도덕이론에 그다지 중요한 구실을 못하기 때문에 커다란 문제가 되지는 않는다. 그럼에도 불구하고 다윈의 진화론보다 먼저 본능과 자기보존에 대한 생각들을 확립했다는 사실은 흥미롭다고 할 수 있다.

Chapter 2
대중적인 도덕철학에서
도덕형이상학으로의 전이(1)

설령, 행위가 도덕적 의무와 일치하더라도 도덕적 의무만을 위해 행해진 경우가 아니라면 진정으로 도덕적인 것이 아니란 주장은 널리 인정되고 있다. 그러나 순수하게 의무감에 의해서만 이루어진 행위 유형을 찾아내기란 거의 불가능하다. 우리가 관찰하게 되는 거의 모든 행위는 순수한 의무가 아닌 다른 동기에 기인할 수 있고, 사실상 참된 동기들조차 순수 여부를 분간하기란 대개 불가능에 가깝다.

순수한 도덕적 행위의 모델이 없다는 사실은 매우 실망스럽겠지만, 그나마 모든 이성적 존재들이 이성이야말로 명백하게 도덕적인 필요사항들만을 의무지우고 요구한다는 것을 자각할 수 있다는 점에서 고무적이다.

더욱이 우리는 특정한 사건과 경험들로부터 보편적인 도덕법칙들을 도출해내기가 불가능하다는 사실을 깨달아야 한다. 모든 사건들은 특정한 상황에 따라 부수적으로 발생하기 때문에 우리의 경험들 가운데 모든 상황과 모든 사례에 두루 적용되는 도덕원칙의 근원이 될 수 있는 것은 없다. 심지어 완전자인 신이라는 개념조차 구체적인 경험이 아니라 도덕적 완벽성이라는 선험적인 개념에 근거하고 있다. 선험적인 도덕의 개념을 좀더 분명히 이해하는 발전과정을 거치면 경쟁적인 이해관계들과 유인(誘因)의 꾐에 대항해서 도덕감각을 강화시키는 데 도움이 될 수 있다.

이성적 존재들은 자신의 '의지'를 이성과 도덕이라는 객관적 법칙이나 주관적인 욕구와 관심들과도 제휴시킬 수 있다. 이성의 요구는 '명법'이라고 불릴 수 있다. '가언명법'은 개인적인 행복 달성 같은 어떤 목적을 이루기 위한 수단으로써만 어떤 구체적 행동이 필요하다고 명령한다. 반면, 정언명법은 어떤 행동이 본질적으로 그 자체만을 위해 행해질 것을 명령한다. 즉 어떤 특정한 조건에 좌우되지 않는 무조건적인 도덕명령인 것.

가언명법은 일상생활에서 규칙적이고 분명하게 발생한다. 누군가가 어떤 목표를 확정하면, 이성은 행동요령을 분명하게 알려줄 수 있다. 이러한 행위의 실행은 행복 같은 추상적이고 막연한 목표를 설정할 경우에는 어떤 구체적인 행위를 해야 그 목표를 달성할 수 있는지를 알기가 어렵기 때문에 좀더 복잡해진다. 그럼에도 불구하고 우리가 가언명법의 결과로서 일정한 방식으로 행동하려 한다는 사실을 이해하기는 어렵지 않다.

가언명법의 예들과는 대조적으로 일상 경험 속에서 관찰하게 되는 온갖 결정과 행위들 속에서는 정언명법의 증거를 찾을 수 없다. 외관상으로는 사람들이 순수이성의 요구에 의해 일정한 방식으로 행동하는 것처럼 보일 수도 있지만, 순수한 정언명법 이외에 부수적인 이익이나 감춰진 동기가 존재하지 않는다고 확신할 방도가 없다. 따라서 부득이하게 정언명법은 선험적으로 도출될 수밖에 없다.

보편적이고 본질적인 타당성을 지닌 명령이라면 당연히 어떤 상황논리들을 내포하고 있지 않을 것이기 때문에 그나마 유일하게 도출될 수 있는 정언명법은 행위들이 보편타당성의 요구에 일치해야 한다는 것이다. 따라서 정언명법은 다음과 같이 공식화할 수 있다. "네 행위의 격률이면서 '동시에' 보편적인 법칙으로 삼으려고 할 수 있는 그런 격률에 따라서만 행위하라." 이 말은 이렇게도 표현할 수 있다. "네 행위의 격률이 네 의지에 의해 보편적인 자연법칙이 되어야 할 것처럼 그렇게 행위하라."

다음 네 가지 사례는 일반적인 도덕적 의무의 개념들이 정언명법과 어떻게 부합하는지를 잘 보여준다. 첫째, 사람들은 자살하지 말아야 할 도덕적 의무가 있다. 왜냐하면, 모든 사람이 자살한다는 것은 명백하게 자연법칙이 될 수 없기 때문이다. 만약 모두가 자살해 버린다면 자연 자체도 더 이상 존재할 수 없게 된다. 둘째, 사람들은 변제 의사가 있을 경우에만 돈을 빌려야 한다. 만약 모든 사람이 채무를 이행하지 않는다면, 어느 누구도 돈을 빌려주려고 들지 않을 것이기 때문. 셋째, 사람들은 자기 재능을 계발해야 할 도의적 책임이 있다. 만약 모든 사람이 재능을 썩힌 채 그저 삶을 허비한다면, 어느 누구도 인간의 능력을 통해 혜택을 볼 수 없을 것이기 때문. 넷째, 사람들은 어려운 처지에 빠진 사람들을 도와야 할 의무가 있다. 만약 모든 사람이 모진 마음을 가지고 있다면, 어느 누구도 정말로 어려운 시기에 아무런 도움을 받을 수 없을 것이기 때문이다. 그 어떤 경우든 의무에 태만한 사람들은 자기모순에 빠지고 만다. 왜냐하면, 도덕법칙의 객관적인 타당성은 이해하고 받아들이면서도 자기에게만은 예외가 생겨나길 원하기 때문.

: 풀어보기

2장은 1장의 말미를 장식하던 곳에서 다시 시작한다. 칸트는 선험적인 원칙들을 좀더 명확히 이해하면 도덕감각을 강화하는 데 보탬이 될 수 있다고 지적하면서, 자기 이론의 일관성을 재차 옹호한다. 인간의 행위는 순수한 도덕적 의무감을 바탕으로 행해지고 그것에 근거해서 행해질 경우에만 도덕적이며, 순수한 도덕원칙들은 경험을 초월해 이성적으로 파악되어야 한다고 강조하는 것.

그러나 칸트는 이제 우리가 친숙해진 도덕이론들에 관해 중요하고도 새로운 '뜻밖의 내용'을 추가한다. 1장에서는 단지 선험적인 생각들만 우리가 도덕원칙에서 기대하는 순수성과 보편성을 가질 수 있다고 주장했다. 선험적인 개념 이외의 다른 모든 생각들은 특정한 상황과 처지들에 의존한다고 보았던 것. 그런데 2장 도입부에서는 이 같은 분석에 담긴 중요한 의미, 즉 모든 행위는 특정한 상황에 의존하기 때문에 우리가 경험한 예들로부터 선험적인 관념을 도출해낼 수 없으리라고 지적하는 것.

이런 논점을 이해하기 위해서는 인과관계에 관한 칸트의 주장들을 회상해 보면 도움이 될 수도 있다. 칸트는 〈순수이성 비판〉에서 경험세계에 대한 관찰을 통해서는 인과관계의 개념을 도출해낼 수 없을 것이라고 주장한다. 데이비드 흄은 인과관계의 개념이란 규칙적으로 연속해서 발생하는 사건들을 언급할 때 사용하는 언어 방식에 불과하다고 단언했지만, 칸트는 인간의 사유 과정에서 (단순한 일상 경험 차원을 초월하는) 너무도 근본적인 지위를 차지하고 있다는 근거를 제시하면서 반박한다. 인과관계란 선험적인 개념이고, 우리가 세계에 대해 생각할 때마다 (경험과 무관하게) 자동적으로 머릿속에 떠오르는 개념이고, 사건들을 관찰하거나 가능성을 타진할 경우 인과관계에 입각해서 생각하지 않을 수 없다는 것이다.

칸트가 이 같은 인과관계의 설명에서 도출해낸 자유의지와 결정론에 관한 논의의 분석을 회상해 보라.(이 주장은 3장에서도 다루어진다.) 칸트에 따르면, 우리는 주변을 둘러볼 때마다 원인과 결과로 이루어진 세계를 바라보게 되고, 우리가 경험하는 사건들을 분석할 때마다 어째서 그렇게 발생할 수밖에 없었는가에 대해 인과관계적인 설명을 제시하게 된다. 그러나 우리의 분석 결과는 세상이 '실제로' 결정론적이라기보다는 인과관계가 근본적인 이성 개념이기 때문에 세상이 결정론적으로 보이는 것이다. '실제로' 있는 그대로의 세계는 어떤 결과를 자유롭게 가져오는 힘도 포함하고 있을지 모를 일이다.

2장 도입부에 나타나는 도덕성에 대한 칸트의 관찰들은 자유의지와 인과관계에 관한 분석과 유사하다. 보편적인 도덕법칙은 경험에 근거할 수 없다는 말은 근본적인 도덕개념들이 인과관계 같은 근본적인 인식원리들과 똑같은 지위를 갖는다는 주장이나 다름없다. 인과관계란 너무도 근본적인 바탕이 되는 개념이기 때문에 경험에 근거할 수 없듯, 도덕개념들 역시 너무나 근본적이기 때문에 특정한 인생 경험들에 기반을 둘 수가 없다. 도덕법칙도 인과관계처럼 선험적 개념인 것.

결국 도덕원칙들은 우리가 관찰하는 행동들의 분석에 바탕을 두면 안 된다. 우리는 사람들의 행동을 볼 때마다 상황에 따른 동기들을 보게 될 것이기 때문. 자유의지를 입증할 만한 증거를 발견할 수 없듯, 순수한 도덕적 동기들의 증거 역시 발견이 불가능하지는 않더라도 매우 어렵다. 그렇다고 해서 순수한 도덕적 행위가 존재하지 않는다는 의미는 아니다. 순수한 도덕적 동기라는 개념은 선험적인 개념이다. 사람들이 순수한 도덕원칙들에 따라 행동할 수 있고 마땅히 그래야 한다는 도덕이론을 옹호하기 위해 우리가 경험한 예들을 언급할 필요는 없다. 그 반대로, 순수한 도덕법칙이 우리에게 주문하는 요구들에 대한 선험적인 이해는 발전시켜나갈 수 있다. 2장의 목표는 이러한 도덕적 명령들을 좀더 분명하고 정확히 이해하는 것이다.

칸트는 도덕법칙의 요구사항들을 '정언명법'이라고 정의한다. 정언명법들은 본질적으로 타당한 원칙들이기 때문에 그 자체만으로도 선하고, 우리의 행위가 도덕법칙에 부합하려면 어떤 상황에서도 지켜져야 한다. 칸트는 정언명법들을 이해하고자 할 때는 특정한 결정이나 행동들에 기반을 두면 안 된다고 거듭 지적한다. 정언명법은 반드시 선험적으로 파악되어야 하기 때문이다.

정언명법에 대한 칸트의 공식은 본질적으로 1장에서 형성된 도덕법칙과 같다. 여기서 다시금 칸트는 전적으로 선험적인 개념에만 근거하는 도덕법칙과 명령을 제시해야 하는 문제에 직면한다. 선험적 명법의 타당성은 모든 구체적 상황을 고려하지 않아야 한다. 따라서 정언명법은 이러저러한 상황 속에서 어떤 일은 해야 된다거나 하지 말아야 된다고 규정할 수는 없고, 그저 행위들이 보편적으로 타당하고 자명한 원칙들에 따라 행해져야 한다고 규정할 수 있을 뿐이다. 만약 행위의 동기가 특정한 상황 속에서만 타당하다면, 그 동기는 형편에 따른 것이 된다. 즉 다른 상황에 처한 타인들이라면 채택하지 않기를 바라면서 정작 자신은 그 원칙에 따라 행위하고 있는 셈이 되는 것. 따라서 그 행위는 보편성을 가질 수 없고, 이기적이며 위선적이다.

칸트의 예시들은 일상적인 도덕의 실천 과정에서 정언명법을 어떻게 적용하고 싶어하는지를 여실히 보여준다. 각각의 경우에 개인들은 보편적인 원칙으로서 가장 타당해 보이는 행위 과정을 선택해야 할 도덕적 의무를 가진다.

그러나 이 예들은 칸트의 도덕철학이 지닌 한계를 나타낸다는 점에서도 유용하다. 1장 '풀어보기'에서 정리했던 헤겔의 비판을 상기해 보라. 헤겔은 칸트의 도덕법칙에 관한 공식이 우리가 사회제도나 사회적 기대치들에 대한 근간을 제대로 모르면 무용지물에 불과할 뿐이라고 지적했으며, 칸트가 제시하는 도덕적 예들은 이 같은 관찰과 비판을 입증해 준다. 그 예들이 사회제도나 사회적 기대치들과 깊은 관련을 맺고 있기 때문이다. 칸트는 성실성, 근면, 인류애(또는 자선행위)를 중시하고, 자살, 횡령, 게으르게 삶을 낭비하는 행위, 그리고 어렵지 않게 도와줄 수 있었던 사람들을 방관하는 행위 등이 옳지 못하다고 주장한다. 우리들 대다수는 이 같은 정서에 동의하겠지만, 과연 그러한 가치들이 이성의 절대 명령이라고 단언할 수 있을까? 그것들은 이제까지 가족과 공동체가 우리에게 불어넣어준 가치들과 하등의 관련이 없을까?

두 번째 예를 검토해 보자. 칸트는 변제를 염두에 두지 않고 타인의 돈을 무턱대고 차용하는 것은 나쁘다고 말한다. 만약 모든 사람들이 이렇게 행동한다면, 그 사회의 대출제도가 무너져 돈을 빌릴 수 없게 될 것이라고 주장하고, 그로 인한 전반적인 불신 조장이 합법적으로 돈을 빌리려는 다른 사람들에게 커다란 피해를 입힐 것이라고 덧붙인다.

신용대출 제도가 수많은 사람에게 보탬이 되는 방향으로 작동한다는 칸트의 견해는 분명히 옳다. 그러나 칸트가 예에서 묘사하듯 절박한 상황에 빠진 사람이라면 어떻게 되는가? 이런 사람이 정말로 (만약 타인들이 자기처럼 행동한다면) 사회가 무너질 것이란 막연한 도덕적 고려 때문에 자신의 생존 욕구를 떨쳐버려야 할까? 사실, 대다수는 그토록 절박한 상황에 빠지지 않을 테니 이 사람처럼 행동하지 않을 것이다.

게다가 절박한 사람이 부도덕하게 돈을 빌리거나 그냥 굶어죽어야 할 처지에서 한 가지를 선택해야 하는 상황을 상상해 보면 어떨까? 그 사람의 생존이 신용대출 제도보다 중요하지 않다는 것인가? 그 사람이 어쩔 수 없는 사회적 상황의 결과로 그토록 절박한 처지에 빠져 있다면 어떻게 될까? 그런 경우라면, 한 개인을 그토록 참혹한 지경에 놓이도록 만든 사회를 비도덕적이라고 비난할 수는 없는가? 불법적으로라도 돈을 빌려 사회의 법규를 위반하는 것은 (기형적으로 타락한 사회에 대해 무기력한 개인이 펼칠 수 있는) 정당하다고 인정할 만한 저항행위가 될 수는 없을까?

요컨대, 칸트의 정언명법은 도덕적인 사고의 바탕을 자기모순은 비논리적이라는 개념에 둔 매력적인 시도지만, 복잡하고 난해한 도덕적인 문제들에 대해서는 그 공식이 제대로 효력을 발휘하지 못하는 것 같다. 칸트는 모든 사람이 정언명법을 사용하면, 자신과 똑같은 도덕원칙을 내놓을 것이라고 확신하는 듯하다. 그러나 만약 사람들이 도덕적 의무나 보편적인 '자연법칙'의 당위성을 칸트와는 다른 개념으로 생각하고 있다면, 결국 그들은 칸트의 예측과는 다른 행동 과정을 선택하게 될 것이다. 반면, 헤겔과 칸트가 예에서 보여주는 것처럼 사람들이 자신의 도덕적 사고를 특정한 사회적 상황 속에 국한시킨다면, 도덕적 사고는 시간, 장소, 상황이란 모든 고려사항을 배제시켜야 한다는 칸트의 규정을 위반하는 것이다.

2장 나머지 부분에서 칸트는 정언명법의 개념을 개별적 인간이 갖는 본질적이고도 고유한 가치라는 측면에서 재정립한다. 일부 독자들에게는 그 같은 이론적 재해석이 더 설득력을 가질 것이다.

이 장에서 칸트는 간단하게나마 신에 대해 언급한다. 신의 개념이 도덕적 완전성이란 관념으로부터 생겨났다는 칸트의 발언은 종교관을 암시한다. 그리고 〈순수이성 비판〉에서는 전통적 형이상학의 근본 주제들—자유의지, 신, 영원성—에는 해결 불가능한 문제들이 담겨 있다고 주장한다. 자유의지, 신, 영원성은 이성의 자연적인 사유개념이지만 경험 대상이 아니다. 따라서 우리는 그것들(예, 신의 존재)에 대한 지식을 가질 수 없고, 도덕적으로 완벽한 존재인 신이란 추상적 개념을 창출해내는 도덕적 완벽성의 개념을 우리가 갖고 있다는 사실을 알 수 있을 뿐이다.

이러한 사고방식들은 칸트 시대에는 다소 신성모독으로 여겨졌다. 칸트의 주장에 따르면, 결국 신은 인간의 이성적 사유과정을 통해 만들어진 개념에 불과할 수도 있다. 프러시아 정부는 1793년 칸트가 〈이성의 한계 내에서의 종교 *Religion Within the Limits of Reason Alone*〉에서 종교적인 견해를 자세히 피력하자 그에게 더 이상 종교적 논점들에 관한 저작을 발간하지 못하도록 금했다.

대중적인 도덕철학에서
도덕형이상학으로의 전이(2)

　　이제까지 우리는 도덕적 의무들이 가언명법보다는 정언명법에 근거한다는 것이 틀림없다는 사실을 살펴보면서 유일한 정언명법의 내용을 확립했지만, 여전히 정언명법이 자유의지를 지닌 모든 이성적 존재들에게 구속력을 갖는 보편적 법칙이란 사실을 최종적으로 확립해야 하는 처지에 놓여 있다.

　　만약 이성적인 존재들에게 정언명법을 따르도록 강제하는 법칙이 존재한다면, 그 법칙은 틀림없이 이성적인 존재의 '의지'라는 개념에 근거하고 있을 것이다. '의지'는 이성적인 존재들에게 어떤 행동 과정을 선택하도록 만드는 정신 능력이다. 이성적인 존재들은 특정한 '목적'을 추구하고자 적절한 '수단'을 사용할 수도 있다. 신체적 욕구나 욕망에 기인한 목적들은 언제나 가언명법만을 제공하게 마련이다. 그러나 정언명법은 '목적 자체'인 어떤 것, 즉 목적이 그 자체에만 수단인 것에 근거할 뿐이고, 그 외에 다른 욕구, 욕망, 목적 따위의 불순한 동기들은 전혀 내포하지 않는다.

이성적 존재는 목적 자체이기 때문에 어떤 목적을 추구할 때도 항상 자신을 그 목적에 대한 단순 수단이자 목적 자체로 바라보아야 하고, 다른 이성적 존재들 역시 목적 자체란 점을 인정해야 한다. 따라서 우리가 만약 이성적 존재의 의지라는 관점에서 정언명법을 공식화한다면, "다른 사람을 어떤 목적에 이르는 수단으로서가 아니라 목적 자체로서 항상 대우할 수 있도록 그렇게 행위하라"가 된다.

앞서 논의되었던 네 가지 도덕적 의무의 사례들은 정언명법의 성립과 논리적으로 맥을 같이한다. 자살하는 사람들은 생명을 괴로운 현실을 피하기 위한 단순수단으로, 그리고 금전채무를 변제하겠다고 거짓 약속을 하는 사람들은 채권자를 단순히 재산 획득수단으로 여기는 것이다. 인간을 목적 자체로서 존중하는 태도는 우리에게 최대한의 잠재력 실현, 즉 자기 재능의 발굴과 계발을 위해 부단히 정진할 것과 인류의 최대 행복을 위한 기여, 즉 반드시 타인들의 복리에 관심을 가질 것을 요구한다.

모든 이성적 존재가 목적 자체라는 원칙은 보편적이고 모든 이성적 존재에게 두루 적용되며, 경험이 아닌 이성의 산물이다. 이성적 존재가 다른 목적에 이르는 수단이 아니라 목적 자체라면, 그 논리적 귀결로서 이성적 존재의 의지도 보편적인 도덕법칙의 입법자로 여겨져야 한다. 만약 그렇지 않으면, 그들의 행위는 개인적인 욕망이나 이해관계의 지배를 받게 되고 어떤 목적에 이르는 단순한 수단으로 전락해 버릴 것이다. 이성적 존재는 도덕적 의무만을 위해 어떤 행동을 의도할 때는 의무 이외의 모든 이해관계와 동기를 포기해야 하기 때문에 도덕법칙 준수는 어떤 특정한 이익이나 욕망 따위에 근거해서는 안 되며, 자신이 도덕법칙의 입법자이자 준수자라는 사실을 이해해야 하고 그 법칙이 무조건적인 복종을 요구한다는 사실도 인정해야 한다.

이성적 존재들이 보편적인 도덕법칙의 입법자이자 준수자라는 사고방식을 따르면, 우리는 모든 사람이 객관적인 이성법칙을 추구하고 다른 사람들을 목적 자체로서 대우하는 완벽한 공동체의 개념에 도달한다. 이 완벽한 공동체는 모든 구성원을 목적 자체로 존중하는 목적 자체로 구성된 법률공동체(국가나 왕국)를 의미하는 '목적의 왕국'이라고 불릴 수 있다. 도덕성은 목적의 왕국의 성립과 부합하는 격률들과 동기들만을 받아들일 경우에 비로소 존재한다.

이성적 존재들은 그 '존엄성'으로 인해 직접 제정하지 않은 법칙은 그 어느 것도 받아들여서는 안 된다. 이런저런 생산품들은 인간의 신체적 욕구와 욕망에 기여하므로 시장에서 나름대로의 적정한 '가격'을 갖는다. 반면, 목적 자체로서의 인간을 구성하는 특성들은 '고유하고 절대적인 가치'인 '존엄성'을 갖는다. 도덕의 존엄성은 목적의 왕국에서 입법자 역할을 하는 사람들에게 표준 척도가 된다.

따라서 도덕성의 원칙은 각각의 특성이 두드러지지만 서로 밀접하게 연관된 세 가지 방식으로 형성될 수 있다. (1) 보편성이란 형식의 관점에서 (너의 격률이 보편적인 도덕 원칙이 될 수 있도록 행동하라.) (2) 목표나 '목적'의 관점에서 (모든 이성적 존재들이 목적 자체로서 존중받도록 행동하라.) (3) 완벽한 사회제도의 관점에서 (너의 격률이 목적의 왕국에서 법칙이 될 수 있도록 행동하라.) 절대로 선한 의지는 결코 내적 갈등이나 모순에 빠지면 안 되고, 그 의지에 따른 행동들은 이성이라는 보편적 법칙의 본질적 가치를 지녀야 한다. 절대로 선한 의지의 목적들은 어떤 목표들에만 관계되어서는 결코 안 되며, 모든 이성적 존재들이 인식할 수 있는 본질적 가치를 지녀야 한다. 그 결과, 절대로 선한 의지는 심지어 자연의 우연성과 타인들의 행위가 목적의 왕국의 설립을 방해하지 않을 것이란 보장이 없더라도 그 왕국의 입법자인 양 그 격률을 선택해야 한다.

이성적 존재들은 도덕성과 목적의 왕국을 추구할 때, 자연스런 욕구와 물질적인 상황들을 극복해가면서 자신을 고양시켜 의지의 독립, 즉 '자율성'을 실현한다. 반면, 목표가 보편적인 법칙 이외의 것에 의해 결정되는 사람들의 의지는 '타율성'을 갖게 되어 외부적 요인들에 의존해서 그 목표들을 결정한다.

다른 철학체계들은 실제로는 의지를 타율적으로 만들 원칙들을 도덕성의 바탕으로 내세우는 실수를 범해 왔다. '경험'원칙들—물질세계에서의 어떤 구체적 결과들을 지향하는 원칙들—은 항상 타율적이기 때문에 결코 도덕성의 원리가 될 수 없다. 심지어 목표가 개인의 행복일 경우에도 사건들의 구체적 결과나 경로에 대한 관심은 결코 보편적인 자연법칙의 지위를 가질 수 없다. 신의 의지처럼 '논리에 부합하고 이성적인' 원칙들도 순수이성 개념의 산물이 아니므로 타율적이다. 우리가 지닌 '신성한 완벽성'의 개념 역시 우리 자신의 도덕개념들로부터 생겨난 산물에 불과하다. 누군가가 도덕적 동기 이외의 어떤 목적을 달성하기 위해 행동한다면, 그 목적이 행복 달성이든 완벽성 추구이든, 아니면 신체적 욕구나 욕망의 충족이든 간에 그 의지는 다른 무엇(불순한 동기)의 지배를 받는 것이기 때문에 당연히 타율적이고, 그 행위의 격률도 보편적인 자연법칙으로서가 아니라 특별한 경우에만 이치에 부합한다.

우리는 아직도 정언명법의 준수를 강요하는 어떤 법칙의 존재를 입증하지 않았으나 도덕의 일반적인 전제조건들(도덕적 행위란 단지 의무만을 위해 행해진다는 사고방식)이 의지의 자율성이란 개념에 근거한다는 것을 보여주었다.

칸트가 도덕과 '의지'에 관한 주장을 전개하는 국면이 매우 혼란스러워 보일 수도 있다. 왜냐하면, 정언명법이 이성적 존재들에게 구속력을 갖는다는 것을 완전하게 확립하지 못했다는 식의 부정적 발언을 곁들이고 있기 때문이다. 돌이켜보건대, 이 책에서 칸트의 주장이 갖는 잠정적인 성격은 '실천'(도덕)이성과 그것이 우리 삶에서 하는 역할의 분석은 별개로 치더라도 도덕형이상학을 위한 '기초 놓기'에 불과할 뿐이지 완전한 도덕형이상학 이론의 전개는 아니다. 칸트는 1장에서 사람들은 통상 의무만을 위해 행해진 행위를 도덕적 행위로 생각할 것이라고 전제하면서 이론 전개의 첫발을 내디딘 연후에 의무와 도덕성의 개념에 기초했을 것이라고 추정되는 '도덕법칙'에 대해 설명했다. 2장 전반부에서는 이 도덕법칙을 정언명법의 관점에서 재구성했고, 후반부에서는 도덕법칙이 이성적 존재의 의지를 위해 틀림없이 지니고 있을 관련 사항들을 설명했으며. 3장에 가서야 도덕이 자유의지의 개념에 토대를 두고 있을 가능성에 대해 피력하려고 한다. 3장에서 살펴보겠지만, 칸트는 자유의지에만 근거해서는 우리가 도덕적으로 행동하려는 의무감을 강하게 느끼는 까닭을 충분히 설명할 수 없다는 점에 주목하면서 '도덕이 자유의지의 개념에 토대를 두고 있을 가능성'조차 제한한다.

칸트가 2장 후반부에서 도입하는 기본 사고는 이성적 존재들은 '목적 자체'라는 주장이다. 우리는 어떤 행동 과정에 착수하게 될 경우, 자신을 다른 목적에 이르는 수단에 불과하다고는 생각하지 않고 모든 행동이 지향하는 궁극적인 목표나 '목적'으로 여긴다. 만약 다른 사람들이 우리의 도덕적 동기를 수긍해 주기를 바란다면, 그 사람들 또한 스스로를 다른 목적을 추구하는 단순한 수단 이상의 존재로 여기고 있다는 사실을 명심하고 존중해야 한다. 따라서 만약 우리가 모든 이성적 존재들도 우리처럼 본질적인 가치를 지녔다는 사실을 존중하지 않는 한, 우리의 도덕적 동기들은 보편적인 타당성을 결여하게 된다. 정언명법은 우리에게 다른 모든 인격체들을 개인적 목적을 달성하기 위한 단순한 도구로서가 아니라 '목적 자체'—본질적 가치를 지닌 대상들—로서 대우할 것을 요구한다.

칸트가 제시한 의무에 관한 네 가지 예는 2장 전반부의 정언명법처럼 그 생각을 실증하지 못한다.(우리가 각자의 재능을 갈고닦지 못하는 것은 모든 인간들이 고유한 가치를 가지고 있다는 관념을 정말로 위배하는 것인가?) 그럼에도 불구하고 칸트의 핵심적인 통찰은 대다수 사람들이 가지고 있는 기본적인 도덕감각과 아주 잘 부합한다. 실제로 도덕법칙과 정언명법에 대한 주장들은 "남이 너희에게 해주기를 바라는 그대로 남에게 행하라"는 성경 원칙과 매우 흡사하게 들린다. 마찬가지로 인간이 '목적 자체'라는 논지는 모든 인간이 기본적인 존엄성을 향유한다는 근대 사상과도 맞아떨어진다. 사람을 마구 학대하거나 노예화, 또는 이기적인 목적들을 이루기 위한 수단으로 전락시키는 것은 당연히 옳지 못하다. 왜냐하면, 그처럼 반인륜적인 행위들은 사람이 누군가의 목적에 부합하는 대로 함부로 사용할 수 있는 물질적 대상들이 아니라는 도덕감각에 정면으로 위배되기 때문이다.

'목적의 왕국'이란 개념도 근대 정치사상들과 아주 잘 들어맞는다. 칸트가 비록 정치학이 아니라 도덕에 관한 글을 쓰고 있지만, 모든 사람이 자기를 다스리는 법률의 입법자가 된다는 이상적 공동체에 대한 묘사는 본질적으로 민주주의 사회의 핵심적인 모습이다.(국민의 이중적 지위, 즉 치자인 동시에 피치자인 자기동일성의 원리 참고) 물론, 실제로 대다수 공동체는 서로 다른 이해관계와 관점들을 일정한 헌법적인 틀 안에서 조화롭게 조정해서 법률을 제정해야 한다. 그러나 이론적으로 볼 때는 민주주의란 칸트의 이론, 즉 한 사회의 법률들이 유효하려면 그것을 준수해야 하는 사람들의 상식이나 이치에 맞아야 한다는 주장에 토대를 두고 있다.

그럼에도 불구하고 칸트의 이론적 입지가 비판에 매

우 취약한 이유는 그 이론이 너무나 추상적인 나머지 현실적으로 그다지 유용하지 못하기 때문이다. 칸트는 이성을 보편적인 도덕법칙들과 원리들을 발전시키기 위해 사용할 수 있는 정적(靜的)인 무엇으로 생각하는 듯하다. 그런데 실상은 서로 다른 도덕개념들이 이질적인 시대와 이질적인 문화권들의 사람들에게 나름대로 합리적인 것으로 통용되고 있다. 칸트는 사람들이 목적 자체라는 개념이 분명한 도덕지침을 제시할 수 있다고 생각하는 것 같지만, 실제로 이 원칙은 서로 다른 관점들을 지지하기 위해 활용될 수 있다.(논란이 분분한 예를 하나 들어보자. 낙태는 태아를 그저 단순한 수단으로만 여기는 행위인가, 아니면 낙태 금지가 여성을 아이들의 단순한 생산 수단으로만 간주하는 것인가?)

칸트의 '자율성' 개념도 의심스럽기는 마찬가지다. 칸트도 분명히 자신의 자율성 개념과 '목적의 왕국' 개념이 우리가 현실 생활에서 접하기를 기대할 수 없는 이상적인 개념이라고 시인한다. 그럼에도 불구하고 우리는 개인적인 경험, 문화적 가설, 또는 물질적인 이해관계 등을 전혀 고려하지 않고 모종의 행위를 결정하는 사람을 현실 속에서 상상하려고 드는 일이 과연 이치에 맞는지를 묻고 싶은 생각이 들지도 모른다.

Chapter 3
도덕형이상학에서 순수실천이성 비판으로의 전이

:요점정리

이성적인 존재들은 자유의지를 통해 사건들을 일으킬 수 있는 독특한 능력을 가졌다. 자유로운 의지는 스스로의 행동법칙을 부여할 수 있는 의지여야 하기 때문에 의지의 자율성과 자유의지는 똑같은 개념이다. 따라서 의지는 도덕법칙들을 준수할 때, 그리고 그럴 경우에만 자유롭기 때문에 도덕성은 반드시 자유의지의 개념으로부터 도출될 수밖에 없다.

도덕성이란 비단 인간만이 아니라 모든 이성적인 존재들에게 해당되는 문제이기 때문에 도덕성 개념을 자유의지라는 개념으로부터 이끌어내려면 반드시 (우주의) 모든 이성적인 존재들은 자유의지를 가지고 있다는 조건을 확립해야 한다. 이러한 논점을 경험을 통해 '증명하기'란 불가능하지는 않더라도 매우 어렵겠지만, 우리는 스스로 진정한 행동의 자유를 느끼며 자유롭다고 생각하는 존재가 있다면 그 존재는 정말로 자유롭다고 추론할 수 있다. 그런 존재라면, 행동하면서 실제로 자유로운지의 여부를 떠나 도덕성의 요구들을 인식하고 있는 것이 틀림없기 때문이다. 더욱이 이성과 의지를 지닌 존재라면, 스스로를 자유롭다고 생각해야만 논리적으로 타당하다. 만약 어떤 이성이 그 자체 이외의 비합리적인 요소들에 종속될 수밖에 없다면 이성이 아닐 것이기 때문이다.

따라서 우리는 이성적 존재들이 스스로 자유롭다고 생각할 것이라고 예측할 수 있으며, 그 같은 자유의 개념으로부터 도덕법칙과 정언명법이 도출된다는 것을 이미 확정지었다. 그러나 우리가 그 도덕법칙을 준수하고 싶어하는 까닭이 무엇인지는 또 다른 문제다. 도덕성이 미래의 행복을 누릴 자격을 좀더 준다고 생각하기 때문에 우리가 도덕적이 되고 싶어하는 것인지는 모르겠지만, 이러한 해석도 도덕성으로 귀착되는 가치를 표현하는 것에 불과하고 왜 우리가 도덕성을 귀하게 여기는지에 대한 의문에는 제대로 답하지 못한다.

지금까지의 우리 논리는 돌고 도는 듯하다. 도덕의 요구들을 인식하고 있기 때문에 스스로를 자유롭다고 생각할 수 있다고 설명했으면서도 도덕성이란 개념의 근거로서 자유란 개념을 내세우고 있는 것. 이 문제는 '우리에게 나타나는 대로의 사물'과 '물자체'를 명백히 구분하면 해결될 수도 있다. 일상적인 경험들 속에서 감관을 통해 인식할 수 있는 세계이자 자연의 필연성이 존재하는 세계인 감성계(현상계)와 만나는 우리는 그 세계가 마치 실물(물자체)의 세계인 양 착각할 수 있다. 그러나 우리가 그 물체들에 대해 가지고 있는 지식은 사물들이 우리에게 영향을 미치는 범위 내에만 국한될 뿐이다. 우리는 감성계를 파악하기 위해 '오성' 능력을 활용한다. 이러한 오성 능력과 달리 이성 능력은 개개인마다 다르게 펼쳐지는 감성계와 모든 사람들의 이치에 맞는 추상적 개념들로 이루어진 '지성계(예지계)'를 확연히 구분한다. 이성은 오성의 한계를 인식할 수도 있다.

인간은 감성계나 지성계 가운데 어느 관점으로부터도 자신을 파악할 수 있다. 즉 자연법칙이나 이성법칙의 관점에서 자신을 관조할 수 있다. 이성적 존재들은 이성법칙의 관점에서 자아를 성찰하는 한, 자신이 감성계를 지배하는 자연력으로부터 독립된 자유의지를 향유하고 있다고 이해한다. 이러한 자유의 개념은 자율성과 도덕법칙의 근거가 되기 때문에 우리의 추론들은 순환 논리에 빠져 있지 않다. '자유'의 개념은 도덕이란 관념에 의존한다기보다는 지성계에 대한 우리의 참여로부터 도출될 수 있는 것이다.

만약 사람들이 전적으로 지성계에서만 살게 되면 완전히 자유롭고 자율적인 의지를 가지는 반면, 전적으로 감성계에서만 살게 되면 모든 행위는 자연법칙과 인과율의 지배를 받게 될 것이다. 또한 의지가 담긴 행위들이 감성계에서 펼쳐지게 되면, 그 세계를 지배하는 인과율의 측면에서 이해되어야 하기 때문에 외관상 물질적인 욕구와 성향들로 인해 발생한 듯이 보일 것이다. 그럼에도 불구하고 이성적 존재인 우리는 지성계가 감성계의 '바탕'인 시원적인 세계임을 알고 있다. 왜냐하면, 감각적인 자아는 우리에게 나타나는 모습을 통해서만 파악할 수 있는 반면, 지성적인 자아는 감각을 통한 현상들이 없거나 그러한 경험 현상들과 무관하게 곧바로 인식할 수 있기 때문이다. 따라서 우리는 이성적 존재인 인간이 정언명법과 지성계에 필연적으로 수반되는 자유와 도덕성에 종속되어 있다는 것을 인식한다.

만약 우리가 전적으로 지성계에서만 살아가게 된다면, 정언명법은 자동적으로 우리의 의지에게 명령을 내리겠지만, 사실은 책임과 의무의 형태를 취한다. 즉 모든 인간—심지어 가장 패륜적인 악인조차—은 실제 행동에서는 불순한 동기나 영향력들을 피할 수 없을지언정 마음속으로는 인간적인 순수한 의지를 지녀야 한다는 것을 알고 있다.

'자유'는 경험을 통해 얻을 수 없는 선험적인 개념이다. 우리의 모든 경험은 자연법칙의 인과율에 의해 지배를 받고 있기 때문. 한편, 자연적 필연성 역시 (비록 경험세계를 지배하고 있을지언정) 선험적인 개념이다. 모든 사건이 각

각 그 선행사건에 의해 생겨난다는 생각은 우리가 감성계를 이해하기 위해 활용하는 개념이기 때문. 자유와 자연적 필연성이란 두 개념은 '이율배반'을 형성한다. 서로 어느 쪽 개념도 제대로 설명해내지 못하고, 두 개념들 사이에 나타나는 모순도 해결할 수 없기 때문이다. 우리는 두 개념이 각각 다른 목적에 적합하다는 것을 깨달을 수 있다. 사물에 대한 이해를 구할 경우에는 필연성이란 개념을 사용하고, 행위 과정을 추적할 경우에는 자유란 개념을 사용하는 것이다. 어떤 개념이 맞는지를 반드시 결정지을 필요는 없다. 우리 눈에 나타나는 대로의 사물들로 구성된 세계는 필연성의 지배를 받고, 물자체로서의 우리 개개인은 자유롭다. 이러한 이중성은 우리들(정신이나 의식)이 감성계와 지성계로 나뉘어져 있다는 사실의 필연적 결과인 것이다.

개개인이 지성계에 대해 알고 있을지도 모르는 유일한 사항이라면 지성계의 법칙에 따라 행동해야 한다는 이성의 요구다. 지성계는 구체적인 행동 목표를 제시한다기보다는 우리의 행동들이 보편적 법칙으로서도 타당할 수 있는 개인의 격률에 충실할 것을 명령할 뿐이다. 따라서 이러한 격률은 자유와 자율성이란 개념과 논리적으로 일맥상통한다.

이성은 우리가 자유롭다는 것을 설명하지 못하거나 도덕성이 성립할 수 있다는 사실을 입증하지 못한다. 왜냐하면, 우리는 세계를 이해하기 위해 지적 능력을 활용할 때마다 감성계를 지배하는 인과관계의 관점에서 생각하지 않을 수 없기 때문이다. 최대한의 이성이 보여줄 수 있는 것은 인과율이 우리에게 나타나는 대로의 세계를 지배한다고 해서 곧 우리가 물자체로서 자유로울 수 없다는 의미는 아니란 사실이다. 또한 이성은 도덕적으로 행동하면 어째서 기분이 좋은지를 설명하지 못한다. 고작 우리가 알 수 있는 것이라고는 도덕성은 이런 감정에 기초하고 있는 것이 아니란 사실뿐이다. 그 감정은 하나의 경험이기 때문이다. 도덕감각을 경험에 근거한다는 것은 타율성이 되는 반면, 도덕성은 자율성을 요구한다. 따라서 자유의 개념은 이성이 도덕성과 정언명법을 떠받칠 수 있다는 유일한 토대다.

이성은 단지 어떤 것이 성립될 수 있는 필요조건들을 결정해야만 지식을 추구할 수 있다. 이러한 과정은 끝없이 회귀된다. 즉 하나의 사실이 일정한 조건들로 인해 성립 가능하다면, 그 조건들 역시 계속 다른 조건들로 인해 성립될 수 있다는 것이다. 그러나 이성은 무조건적인 명령을 추구함으로써 이러한 무한성을 회피하고, 결과적으로는 도덕성과 자유의 개념으로부터 받은 무조건적인 명령의 근거를 설명하지 못한다는 이유로 난처한 입장에 빠지지 않는다. 실제로 만약 이성이 자유에 대한 조건적인 설명을 제공할 수 있다면, 그것은 진정한 자유가 아니다. 자유는 무조건적이어야 하기 때문이다. 이제까지 검토한 바에 의하면, 우리가 인간오성의 한계를 제대로 깨닫고 비록 알 수는 없어도 인간이 분명히 소유하고 있는 자유란 개념의 함의들을 인정하기에는 충분하다.

·풀어보기

얼핏 보면, 자유에 대한 칸트의 분석은 낯설게 여겨질 수 있다. 도덕법칙에 순종할 경우에만 진정 자유로울 수 있다는 주장이 분명히 역설적으로 보이기 때문이다. 우리들 대다수는 아마도 무엇인가의 구속이나 억압 없이 가장 자발적인 상태에 놓여 있을 때 가장 자유롭다고 생각할 것이다. 이를테면, 원하는 것을 스스럼없이 할 수 있을 때 가장 자유롭다고 느끼는 것. 그러나 칸트가 제시하는 자유의 개념은 우리가 도덕법칙을 준수하고 이성의 보편적인 요구를 착실히 따를 때 가장 자유롭다고 말하는 엄격한 규율 같다. '하고 싶은 것을 스스럼없이 할 수 있는' 자유란 환상에 불과하다. 왜냐하면, 하고 싶은 대로 하는 사람은 자신에게 법칙을 부여하는 자율적 능력이 아니라 주변 세계와 동물적 본성에 기인하는 신체적 욕구와 욕망의 노예이기 때문.

역사적으로 말하면, 이 자유라는 개념은 칸트의 개신교적 내력과 적지 않은 관련이 있다. 칸트의 철학 속에서 '이성'이라는 세속적 개념이 '신'을 대체했지만, 그 위계질서는 근본적으로 똑같다. 즉 정신은 선하고 육체는 악하며, 사람은 영적인 구속을 따르고 신체적인 욕망을 억제할 때 자유롭다는 것.

그러나 칸트의 사상들이 식별 가능한 계보(르네상스와 종교개혁 이후의 계몽사상과 개신교 사상이란 배경)를 가졌다는 사실이 곧 그것들이 오류란 의미는 아니기 때문에 그의 주장을 편견 없이 조심스럽게 평가하는 일이 중요하다. 얼핏 칸트는 우리가 굳이 본능적인 다른 욕구들을 제쳐두고 이성과 도덕성의 요구를 따라야 할 합당한 이유는 없는 것 같다고 시인하면서도 우리에게 나타나는 대로의 사물들의 세계와 물자체의 세계를 엄격히 구분하면 신체적인 욕구와 욕망들보다 도덕성과 자유의지에 더 높은 가치를 부여하고 있는 까닭을 통찰할 수 있게 해준다고 생각한다.

이러한 구분은 이 책의 "역사적 배경과 저자에 대하여"에도 잘 나타나 있다. 칸트에 따르면, 이 세계에 관한 우리의 지식은 세계가 우리와 상호작용하는 범위 내로만 국한된다. 따라서 우리는 실제로 이 세계를 구성하고 있는 물자체가 아니라 우리에게 나타나는 대로의 사물에 대해서만 파악할 수 있을 뿐이다. 이 구분은 우리가 경험하는 다른 대상들과 마찬가지로 우리 자신에게도 적용된다. 한편으로, 우리는 물질적 이해관계와 욕망의 영향을 받는 육체적인 존재로서 스스로에 대한 감각적인 경험을 지니고 있으며,

다른 한편으로는 육체적인 자아와 그것이 참여하는 감성계가 삶과 행위의 전부가 아니란 사실, 즉 자유의 개념을 포함하는 '지성'계도 잘 알고 있다는 것이다.

칸트는 자유의 개념이 〈도덕형이상학의 기초〉를 통해 점차 진전시킨 도덕성의 관념에 기반을 제공한다는 것을 보여준다. 자유롭다는 것은 스스로에게 법칙을 부여할 수 있다는 의미란 것이 칸트의 주장이다. 설령, 우리의 법칙이더라도 우리가 통제할 수 없는 조건들로부터 비롯되었다면 우리 것이 아니기 때문에 자유로움이란 물질적 조건들로부터 영향을 받지 않는 무조건적 타당성을 지닌 행위 과정의 추구를 의미해야 한다는 결론인 것. 이처럼 무조건적 타당성이라는 필요조건이 칸트가 펼치는 도덕성 분석의 출발점이란 사실을 명심하자. 즉 도덕적 행위란 특정한 목표보다는 의무 자체만을 위해 행해지는 행위라는 전제로부터 이론 전개를 시작하는 것이다. 무조건적 타당성이란 필요조건은 도덕법칙과 정언명법으로 이어지기 때문에 자유의 개념 역시 그것들로 이어져야 한다. '자유'의 개념은 도덕성의 바탕, 즉 '기초'를 제공해 준다.

그러나 칸트는 논리적 근거는 단순한 설명과는 다르다고 강조한다. 자유가 도덕성의 기반을 제공한다는 사실을 아는 것과 우리가 왜 도덕적으로 행동하고 싶어하는지를 아는 것은 다르다. 또한 우리가 자유의 개념을 지녔다는 사실을 아는 것도 우리가 자유롭다는 사실을 아는 것과는 다르다. 실제로 칸트에 따르면, 합리적 분석으로는 결코 우리가 자유롭다는 것을 입증할 수 없다. 우리가 스스로 내린 결정들을 분석하면, 항상 어떤 상황이나 영향력들이 실제 행위를 야기했을 수도 있다는 사실을 알게 되기 때문이다.

그러나 이성이 우리가 자유롭다는 것을 입증할 수는 없을지라도 최소한 자유의 개념이 오류나 모순이 아니라는 것만큼은 증명해 줄 수 있다. 이 주장은 칸트의 도덕이론에서 '코페르니쿠스적 전회'의 본질적인 부분에 해당한다. 이성의 손발이 묶이고 합리적인 분석으로 쟁점(여기서는 인간이 과연 자유로운지의 문제)을 해결할 수 없을 때는 이성으로 하여금 이성에 등을 돌리게 하고 오성의 한계를 드러내는 이성을 '비판'하는 것이다. 우리는 우리가 자유롭다는 것을 알 수 없지만, 마찬가지로 우리가 자유롭지 않다는 것도 알 수 없다. 모든 사건들이 선행사건에 의해 설명될 수 있다는 사실은 감성계의 특성 가운데 하나다. 즉 인과관계란 우리가 다양한 경험들을 제대로 인식하려고 노력해감에 따라 점진적으로 의식 속에서 현상되어가는 세계에 대한 그림이며, 반드시 물자체의 특성은 아닌 것이다. 우리는 물자체이기 때문에 인과론적 확정성이 우리를 최종적으로 표현하는 단어는 아니다. 우리가 자유롭다는 관념은 다양한 현상들에도 불구하고 어쩌면 타당할지도 모른다.

그러나 이러한 주장은 어째서 우리가 정언명법을 준수하고 자율성을 추구함으로써 자유를 극대화하려고 노력하는지에 대한 타당한 근거를 여전히 밝히지 못하고 있다. 칸트는 우리가 그토록 자유를 중시하는 이유에 관해 세 가지 주장을 내놓는다. 첫째, 도덕적인 행위가 우리의 기분을 흐뭇하게 만들어준다. 우리는 도덕적으로 올바른 일을 할 경우에 스스로에게 호감을 갖게 된다는 것. 그러나 칸트는 이 같은 감정이 곧 우리가 도덕적이어야 한다는 근거가 될 수는 없다는 점에 주목한다. 만약 우리가 전적으로 이러한 감정에 의존해서 행동하기로 결정한다면, 그 결정은 도덕성의 필요조건인 순수하고 무조건적인 타당성을 결여하게 될 것이기 때문이다.

둘째, 지성계는 감성계보다 어떤 우월성을 지니고 있다. 결국 외관상 뚜렷한 우리의 육체적인 자아는 단지 겉모습에 불과할 뿐이고, 우리 '물자체'는 어쩌면 자유로울 수도 있다는 것. 셋째, 이성은 우리가 자유롭다는 생각에 어떤 흥미를 갖고 있다. 우리는 인과관계의 측면에서 사건들을 분석하면, 무한히 소급하게 된다.(가의 원인은 나, 나의 원인은 다, 다의 원인은 라, 등등) 자유의지와 그것에 수반되는 무조건적인 도덕적 필요조건들은 이성, 즉 설명을 요구하지 않으면서도 다른 사건들을 설명해 주는 '제1원인'에 쉼터를 제공한다. 위의 두 가지 사실들—지성계의 우월성과 자유의지에 대한 이성의 관심—로 인해 우리는 자신이 자유로울 뿐만 아니라 도덕적으로도 그럴듯하다고 여기게 되는 성향을 갖지만, 그것들이 의문을 해결하지는 못한다.

따라서 칸트는 타당성을 입증하거나 반증할 수도 없는 자유의 개념과 그 자유의 개념에 근거한 도덕의 개념을 우리에게 떠넘긴다. 그는 왜 우리가 도덕적이 되어야 하는지, 심지어는 어떻게 하면 도덕적이 될 수 있는지도 설명하지 못하면서도, 도덕성과 자유에 대한 설명을 통해 우리에게 '보편적 법칙'이란 이름으로 개개인의 욕구와 욕망을 억제하라고 요구한다.

이러한 칸트의 결론이 불만스러운 사람은 비단 한둘이 아닐 것이다. 자유에 관한 칸트의 설명이 설득력이 없다는 것을 알아차린 일부 철학자들은 우리는 자신의 가장 긴요한 욕구와 욕망을 추구할 때 가장 자유롭다는 직관적인 감각을 고수하기로 마음먹었다. 예를 들어, 니체는 "지나치게 이성적으로 사유하는 것은 불건전하다"는 주장으로 유명하다. 우리가 결정을 내릴 때 정언명법 같은 정교한 합리적 시련에 근거하면, 결국 다양한 선택을 멀리하고 금지된 선택으로만 치닫게 된다고 지적한 것. 이를테면, 보다 자발적인 의사결정 과정을 그대로 유지했더라면 자유롭게 행했을 일들조차 하지 못한다는 주장이다. 우리가 '자아'를 정의하는 방법에 따라 이성도 육체적인 욕망들처럼 외부적인 영향력으로 전락해 버릴 수가 있다.(이성이라고 해서 절대적 우위만 차지할 수는 없다는 주장) 만약 '보편적 법칙'이 우리가 가장 하고 싶어하는 것과 부합하지 않는다면, 진정한 욕망들을 억누르고 그 법칙을 따를 때 우리가 가장 '자유롭다'고 말하는 것이 정말로 타당한가? 왜 우리가 이성 대신 충동과 욕망을 따르기로 '자유롭게' 선택할 수 없단 말인가?

니체 같은 철학자의 비판에도 불구하고 도덕성에 관한 칸트의 설명은 우리의 통상적인 도덕적 직관과 아주 잘 부합한다. 정의를 내리자면, 도덕성이란 인류의 더 커다란 선과 행복에 기여할 수 있도록 우리의 이기적인 성향들(욕구와 욕망 같은 본능들)을 억제하는 것이 포함된다. 칸트의 합리적인 도덕성은 그 어떤 도덕체계나 마찬가지로 인간을 구속하지 않는다. 더욱이 칸트가 지적했듯 정언명법이란 오직 인간의 행위 동기들에 대한 도덕적인 특성을 시험하기 위해서만 사용될 수 있을 뿐이고, 우리가 채택해야 하는 특정한 행동강령이나 행위의 동기들을 규정하지는 않는다.(따라서 니체 같은 철학자들이 비판하는 '정언명법에 대한 남용 사례'는 매우 드물다고 할 수 있다.) 칸트는 이성이 우리 모두에게 똑같은 (도덕적) 요구들을 부과한다고 확신하는 것 같으면서도 보편적 법칙의 역할을 할 수 있는 도덕적 격률들이 무엇인지는 우리가 이성을 활용해서 결정하도록 떠넘기면서 끝을 맺는다.

Review

다음 질문에 대해 간단히 서술하시오.(—부분은 참고만 할 것)

1. 칸트는 도덕원칙들이 상황들, 전통들, 욕구들 ,욕망들, 그리고 다른
   요소들보다는 이성이라는 선험적인 개념에 근거해야 한다고 주장
   했다. 그 근거는 무엇인가? 당신은 칸트의 이러한 분석에 동의하는
   가?

   ― 칸트는 도덕원칙들은 모든 상황에서 모든 이성적 존재들
   에게 타당해야 한다고 주장하고, 한 발 더 나아가 감춰진 동
   기와 결과에 대한 세심한 주의가 없이 오로지 도덕에 대한
   순수한 존경심이 우러나 행위들이 이루어지고 또 그럴 경우
   에만 도덕적이라고 강변했다.(비록 3장에서는 이러한 명제
   들이 자유의 개념에 근거할지 모른다고 설명하지만, 애초에
   는 도덕성에 대한 일반적 추론에 근거하고 있다.) 칸트에 따
   르면, 선험적인 개념들은 이 기준들에 부합할 만한 공식의
   유일한 근거일 수 있다. 우리가 겪는 사건이나 결정은 모두
   특정한 상황 아래서 이루어질 것이고, 그 어떤 전통이든 특
   정한 역사에 의존할 것이며, 그 어떤 욕구나 욕망도 우리의
   특정한 개성에 의존할 것이다. 오로지 선험적인 개념만이 이
   성적인 존재의 경험에 보편적으로 적용된다. 따라서 도덕법
   칙은 선험적으로 이루어져야 한다는 것이 결론이다. 그러나
   헤겔을 비롯한 다른 철학자들은 이러한 결론에 문제점이 있
   다고 지적한다. 실제로 도덕적인 결정들은 선험적으로 이루

어질 수 없다. 그 결정들은 언제나 특정한 시간에 특정한 사회 안에서 이루어지고, 도덕적인 관례들은 틀림없이 사회제도와 사회적 기대치에 근거하기 때문이다. 우리는 우리가 살고 있는 사회를 모르고서는 우리 행위가 다른 사람들에게 도움이 되는지 해를 입히는지 알 수 없을 것이다.(1장 '풀어보기' 참고)

2. **칸트가 제시하는 정언명법은 무엇이고, 서로 어떻게 연관되어 있는가?**

— 정언명법의 첫 번째 공식은 우리가 보편적 법칙으로서 바랄 수 있는 원칙들에 근거해서만 행위해야 한다는 것이다. 칸트는 이 공식이 마치 우리 행위가 그 행위의 원칙을 자연의 보편적 법칙으로 만들 것처럼 행위해야 한다는 필요조건으로서 언급될 수도 있다고 피력했으며, 모든 상황과 처지에서 적용할 수 있는 도덕공식을 찾는 과정에서 이 같은 공식들에 도달했다. 오직 이성만이 보편적으로 타당한 원칙들을 제공할 수 있다는 것이 그의 주장이다. 만약 사람들이 자신이 보편적 법칙으로서 원하지 않을 원칙에 따라 행위한다면, 자기모순이 된다. 다른 사람들이 자기를 모방하지 않기를 바라면서 자기는 그 방식대로 행동하기 때문이다. 자기모순은 비논리적이고, 따라서 이성의 원칙에 위배된다. 정언명법의 초기 공식은 이 공식에 근거한 도덕법칙을 제공한다. 칸트는 이 초기 공식으로부터 우리는 결코 다른 사람들을 우리 자신의 목표에 도달하는 단순한 수단으로 취급해서는 안된다는 필요조건으로서의 정언명법 공식을 이끌어낸다. 칸트의 주장인즉슨, 이성적 존재들은 '목적 자체'라는 것. 따라서 이성적 존재들은 자신을 다른 목표를 이루는 단순한 수단이 아니라 언제나 행위의 목표로 간주해야 한다. 다른 이

성적 존재들도 우리와 마찬가지로 목적 자체라는 사실을 존중하지 않으면, 우리는 자신이 보편적 법칙으로 원하지 않는 원칙들을 내세우는 것이고, 결국은 자기모순이 된다. 마지막 정언명법 공식은 앞의 두 가지 공식으로부터 간단히 도출된다. '목적의 왕국'은 모든 시민이 모든 법칙의 입법자인 동시에 준수자인 이상적인 공동체다. 그곳에서 유일하게 가능한 법칙들이라면, 모든 이성적 존재들에게 적용될 수 있는 법칙들이다. 따라서 그 정언명법은 목적의 왕국에서 법칙들이 될 수 있는 원칙들을 준수해야 한다는 필요조건으로서 공식화될지도 모른다.

3. **자유의 개념이 도덕성의 근거라는 칸트의 주장을 간단히 설명하라. 자유에 대한 칸트의 이해방식을 어떻게 생각하는가?**

    ― 칸트는 자유를 스스로에게 자신의 법칙을 부여하는 능력이라고 정의한다. 우리는 육체적인 욕구, 욕망, 환경의 요구에 복종하거나 우리 행동에 따른 있음직한 결과를 고려하는 결정을 내릴 때마다 우리 자신이 아닌 다른 무엇으로부터 동기를 얻은 것이 된다. 칸트의 정의에 따르면, 이때 우리는 자유롭지 않다. 자유는 '자율성', 즉 동기와 원칙들이 오직 이성에 근거한다는 조건에서만 가능하다. 그 정언명법은 우리의 도덕원칙들이 이성에 부합하는지를 결정하는 칸트의 리트머스 시험이다. 따라서 칸트에 의하면, 우리는 정언명법에 복종할 때만 자유롭다. 자유에 대한 이 같은 설명은 오로지 칸트의 개념체계 안에서는 이치에 맞지만, 어떤 가능성들을 배제하는 것 같다. 칸트는 우리가 이성에서 유래하지 않는 어떤 충동을 따를 때마다 '타율성'의 상태에 있는 것(그 결과, 자유롭지 않다.)이라고 주장한다. 그러나 우리가 진정 자유롭다면, 이성보다는 선택권을 바랄 수 있을 것이다.

4. 칸트가 주장하는 도덕의 특성을 설명하라. 예컨대, 도덕적 행위는 의무만을 위해 행해지는 행위라는 정의(定義)에 찬성하는가, 아니면 좀더 나은 대안을 제시할 수 있는가?

5. 칸트는 반복해서 자신의 도덕성 분석과 일반인의 견해를 비교하고, 도덕을 좀더 명확히 이해하면 도덕감각을 강화할 수 있다는 것을 근거로 자신의 철학을 정당화한다. 칸트의 시각과 칸트가 일반인의 것이라고 언급하는 시각의 주요 유사점과 차이점은 무엇인가? 도덕철학 서적, 특히 칸트의 도덕 관련 저서를 읽으면 도덕성 향상에 도움이 될 것이라고 생각하는가?

6. 칸트가 언급한 '우리에게 나타나는 대로의 사물'과 '물자체'의 구분을 재검토하라. 이러한 구분이 자유의지의 개념에 대해 갖는 함의는 무엇인가? 신이나 영원성 같은 형이상학적 개념에 대해서는 어떻게 생각하는가?

7. 〈도덕형이상학의 기초〉에서 칸트의 주장이 내포하는 종교적 의미는 무엇인가? 칸트의 견해에 동조하면서 조직적인 종교 생활이 가능할까? 만약 그렇지 않다면, 종교 조직이 칸트의 견해보다 우월한 점들은 무엇인가? 과연 어떤 부류의 종교가 칸트의 도덕성 분석과 일맥상통하겠는가?

8. 칸트와 계몽사상가들에 대한 공통된 비판의 하나는 그들이 실제보다도 훨씬 동질적인 견해를 취한다는 점이다. 다양성에 대한 21세기의 인식이 우리가 칸트의 견해를 수용하는 데 미치는 영향을 논하라. 칸트의 견해가 과연 다양한 문화, 다양한 종교, 다양한 가치체계를 가진 사회에도 순리적으로 적용될 수 있는가?

9. 칸트의 '목적의 왕국'에 대해 논하라. 목적의 왕국이 도덕사회의 전형이 될 수 있는가? 목적의 왕국이 현대 민주주의 사회와 공유하는 특성들은 무엇인가?

10. 대표적인 계몽사상가로서의 칸트에 대해 논하라. 칸트 사상의 특
     성 가운데 이 지성의 시기에 전형적인 것은 무엇인가?

다음 질문에 알맞은 답을 고르시오.

1. **칸트에 따르면, 도덕법칙들은 누구에게 적용되는가?**
    A. 그것들을 창안한 사람들에게만
    B. 모든 시대 모든 장소의 이성적 존재들에게
    C. 인간에게만
    D. 당신의 문화를 공유하는 사람들에게

2. **칸트에 따르면, 행위가 의무에 순응하는 때는?**
    A. 의무만을 위해 행해질 때
    B. 다른 사람들이 승인할 때
    C. 흠씬 두들겨 맞았을 때
    D. 육체적인 욕구가 충족되었을 때

3. **칸트는 도덕철학이 어떤 이유 때문에 유용하다고 주장하는가?**
    A. 삶을 생지옥으로 만들기 위해
    B. 해야 할 행위와 해서는 안 될 특정한 행위를 구체적으로 가르쳐
       주기 위해
    C. 교수들이 종신 재직권을 얻도록 돕기 위해
    D. 사람들이 도덕감각을 강화해서 일탈행위를 하지 않도록 돕기
       위해

4. **이 세상에서 이론의 여지없이 확실하게 선한 것은 무엇인가?**
    A. 스파크노트
    B. 선한 의지
    C. 지성
    D. 용기

5. 1장에 등장하는 도덕법칙의 공식은?

   A. 절대로 거짓말을 하지 마라.

   B. 항상 야채를 섭취하고 공부 시간에는 집중해라.

   C. 보편적인 법칙이 되기를 바라지 않는 원칙에 근거해서 행동하지 마라.

   D. 도덕적인 결정을 내릴 때는 항상 본능에 충실해라.

6. 2장에 등장하는 정언명법의 공식은?

   A. 잠재적으로 다른 사람에게 해를 입힐 수 있는 행위 과정을 결코 추구하지 마라.

   B. 논의의 주제가 되는 책을 먼저 읽고 나서 스파크노트를 참고해라.

   C. 항상 자신의 욕구를 충족시키고 나서 다른 사람의 욕구로 에너지를 확장해라.

   D. 다른 이성적인 존재들을 결코 단순한 수단이 아니라 항상 목적 자체로 대우해라.

7. 2장에서 묘사된 '목적의 왕국'에서 참인 것은?

   A. 유일한 법칙들은 이성적인 존재들에게 보편적인 법칙들이다.

   B. 만민이 행복하다.

   C. 모든 사람들은 자신들의 목적에 가장 쓸모가 있는 수단을 선택한다.

   D. 정언명법은 헌법 조문으로 포함된다.

8. 물자체에 대해 참인 것은?

   A. 우리는 그것들에 대해 알 수도 있다.

   B. 우리는 그것들에 대해 모를 수도 있다.

   C. 그것들은 겉모습에 의해 정확히 나타난다.

   D. 물자체 같은 것은 존재하지 않는다.

9. 칸트가 '타율성'으로 간주하는 것은?

  A. 행위의 근거를 절박한 육체적 욕구에 둘 때

  B. 항상 정언명령을 준수할 때

  C. 자신에게 법칙을 부여할 때

  D. '목적의 왕국'에서 살 때

10. 칸트는 도덕성이 무엇에 근거해야 한다고 주장하는가?

  A. 성경

  B. 기도

  C. 자유의 개념

  D. 시간을 초월한 전통

11. 칸트의 도덕적 방법의 성격을 가장 잘 묘사하는 것은?

  A. 이성을 사용해서 이성 자체를 비판하고 합리적인 오성의 한계를 밝힌다.

  B. 기도와 명상을 통해 신에게 도움을 구한다.

  C. 교육 수준이 낮은 사람들에게 호소해서 그들이 이해할 수 있을지 모르는 철학적 주장을 하려고 한다.

  D. 경험세계에서 도덕적 자유의 증거를 찾고 있다.

12. 〈도덕형이상학의 기초〉가 출간된 해는?

  A. 1785년

  B. 1965년

  C. 1843년

  D. 1359년

13. 〈도덕형이상학의 기초〉보다 먼저 출간된 저서는?

  A. 보물섬

  B. 이성의 한계 내에서의 종교

C. 실천이성 비판

D. 순수이성 비판

14. 칸트의 고향이 현재 위치하고 있는 나라는?

A. 쿠바

B. 폴란드

C. 러시아

D. 독일

정답

1. B   2. A   3. D   4. B   5. C   6. D   7. A   8. B   9. A   10. C

11. A   12. A   13. D   14. C

一以貫之 논술노트

'자유로워지라'는 의무와 자유 ○

실전 연습문제 ○

一以貫之는 '논어'에 나오는 말로 '모든 것을 하나의 이치로 꿴다'는 뜻입니다.

논술의 주제와 문제 유형, 제시문들은 참으로 다양하고 가지각색입니다. 그러나 그 모든 것을 하나로 꿸 수 있습니다. '인간사회의 보편적 문제들에 대한 근원적인 물음에 답하는 자기 나름의 견해'라는 것이지요. 논술은 인간이면 누구나 부닥치는 개인적 또는 사회적 문제들에 대한 자기 나름의 고민이자 성찰입니다. 논술은 자기견해, 자기 가치관, 자기 삶에 대한 솔직한 고백입니다.

一以貫之 논술연구모임은 '자신의 물음'과 '자신의 생각'을 갖고 '자신의 글'을 쓸 수 있도록 도와줍니다.

〈집필진〉
김재년, 이호곤, 우한기, 박규현, 김법성, 김병학, 도승활, 백일, 우효기, 조형진

'자유로워지라'는 의무와 자유

▍나는 무엇을 알 수 있는가?

칸트는 단지 세계의 빛일 뿐 아니라 동시에 찬란하게 빛나는
전 태양계이다.

—장 파울

그가 파괴한 것은 다시는 일어서지 않는다. 그가 확립한 것
은 결코 파멸하지 않는다. 가장 중요한 것은 그가 하나의 변
혁을 이룩했다는 것이며, 우리는 결코 그와 비슷한 사상을
발견할 수 없다는 것이다.

—빌헬름 훔볼트

근대라는 거대한 분기점, 그 이전과 이후의 삶의 양상
을 전혀 다르게 언급할 수밖에 없는 변곡점을 완성한 철학
자 칸트가 차지하는 위상을 표현한 말들이다. 19세기 전체
뿐 아니라 현재까지 칸트의 철학은 부동의 기초로서 모든
세계관의 건설에 중요한 역할을 수행하고 있다. 이 같은 칸

트의 위대함은 그가 던진 질문에서 시작된다.

기존의 형이상학자들은 인간의 인식능력에 대해 철저히 검토하지 않고 모든 것을 모조리 알 수 있다고 주장했다. 칸트는 철학이 진리에 대한 욕심 때문에 우리의 인식능력이 미치지 못하는 것에 대해서도 마치 아는 듯이 주장해 온 것을 방관하지 않고 대상에 대한 진리를 이야기하기 전에 먼저 묻는다. "과연 나는 무엇을 알 수 있는가?"

"어미닭과 병아리가 있다고 해보자. 어미닭은 병아리가 위험한 상황에 처하면, 대개는 바로 날아와서 구하려 든다. 그런데 웩스쿨이 제시한 그림처럼 흥미로운 일도 발생한다.

병아리의 다리에 끈을 묶어서 작은 말뚝에 잡아 매 두었다. 병아리는 움직이고 싶어도 움직일 수 없었다. 그래서 울기 시작했다. 그러자 어미닭이 날아와 어떻게든 끈을 풀려고 했다. 운 좋게도 끈이 풀려서 어미닭은 병아리를 데리고 안전한 곳으로 피했다.

웩스쿨이 제시한 또 다른 그림에서는 다리가 묶인 병아리 위에 커다란 유리관을 덮어씌웠다. 덮으면 안의 냄새와 소리가 밖으로 새어나오지 않는다. 그래서 새끼가 아무리 울부짖어도 유리관 안에 있는 탓에 밖에서 모습은 보이지만 소리는 들리지 않는다. 그러자 어미닭은 전혀 모르는 체했다. 어미닭에게 새끼가 필사적으로 울부짖는 모습이 보일 것이다. 그러나 이 어미닭의 환세계(環世界)에서 필사적으로 울부짖는 새끼의 모습은 의미가 없다.

의미가 있는 것은 새끼의 소리다. 결국 병아리의 어미는 성큼성큼 어디론가 가버렸다."

—히다카 도시다카 〈동물이 보는 세계, 인간이 보는 세계〉

생각해 보자. 어미닭에게 애처롭게 우는 새끼의 모습은 중요한 요소가 되지 못한다. 오직 새끼의 울음소리만이 어미에게 의미 있는 세계를 구성하게 되는 것이다. 유난히 시각이 발달한 인간의 눈으로 보면, 세상은 아름다운 색채로 가득해 보인다. 개는 어떨까? 지독한 근시에 흑백으로 보이는 눈을 가진 개에게 세상은 그리 아름다운 모습이 아닐지도 모른다. 그러나 우리는 개처럼 풍성한 냄새의 세상과 개처럼 풍성한 소리의 세상에서 살고 있지 않다. 결국 모두는 저마다의 인식체계를 가지고 대상을 구성해내는 것은 아닐까? 당연히 인간 역시 자신의 인식체계를 통해 대상을 구성하고 있는 것은 아닐까? 만약 그렇다면 대상에 대해 이러쿵저러쿵 이야기하기 전에 우리는 우리의 인식형식 그 자체를 고민해야 하는 것은 아닌가?

결국 우리에게 나타난 현상은 사물 그 자체가 아니다. 우리의 인식형식에 따라 나타난 현상일 뿐이다. 따라서 우리의 인식은 한계가 있는 인식이 된다. 칸트는 우리가 사물 자체(칸트의 용어로 '물자체'), 즉 우리에게 나타나기 이전의 사물 그대로의 모습을 아는 것이 아니라 우리에게 나타난 현상만을 인식한다는 점을 인정한다.

우리는 아무리 인식능력을 고도로 발휘해도 현상 배후의 사물 자체에는 결코 도달할 수 없다. 그렇다고 해서 우리의 인식능력이 미치는 범위 안에 있는 현상에 대해서까지도 인식을 포기할 수는 없다. 이 영역 내에서는 우리 나름대로의 보편타당한 인식이 가능하다는 것이다. 위와 같은 논리로 칸트는 기존 철학의 독단론과 회의론을 물리친다. 한편으로는 우리가 보는 대상 너머에 진짜가 있다고 하면서 우리가 보는 것이 물자체라는 독단론을 거부하고, 다른 한편으로는 우리가 보는 것이 그저 가상에 지나지 않는다는 주장도 배척하는 것.

칸트의 '코페르니쿠스적 전회'
–선험적 종합판단의 가능성

우리의 판단에는 분석판단과 종합판단이 있다. 분석판단의 예를 들어, "이 원은 둥글다"와 같이 주어인 '원'의 개념만 분석하면 '둥글다'는 술어가 필연적으로 도출된다. 우리는 원이 둥글다는 사실을 인식하기 위해 감각적 경험의 도움을 받을 필요가 전혀 없고, 그처럼 감각경험에 의지하지 않는다는 특성 때문에 분석판단은 보편적이고 필연적인 인식을 제공하게 된다. 반면, 종합판단은 '이 원은 파란색이다'처럼 원이란 개념을 아무리 분석해도 파란색은 나오질 않고 결국 감각적 경험의 도움을 받아야만 형성될 수 있다. 그리고 감각적 경험에의 의존성 때문에 보편적으로 타당하고 필연적일 수는 없다.(귀납의 한계)

이 둘을 비교하면, 분석판단은 보편타당할 수 있지만, 그 판단은 이미 주어에 들어 있는 내용일 뿐, 우리의 인식을 확장시킬 수는 없다는 점이 문제다. 반면, 종합판단은 우리의 인식을 확장시키지만 특성상 보편적이고 필연적일 수 없다. 경험론과 합리론 사이의 대립이기도 한 이 문제에 대해 칸트는 선험적 종합판단이 가능하다는 논리로 그 대립을 화해시킨다.

칸트에 따르면, 인간의 인식은 결국 인식능력의 문제가 되고, 그 능력은 크게 감성과 오성으로 나뉜다. 다시 말해 시간과 공간이라는 직관형식과 양, 질, 관계, 양태라는 오성의 범주 사이의 결합을 통해 이루어지는 것이 인식이며, 결국에는 감각적 경험의 대상에 선험적인 인식형식을 부여하는 과정이다. 인식형식은 경험에 앞서고, 이것을 통해 경험이 가능해지기 때문에 선험적(transcendental) 또는 선천적(priori)이라고 지칭한다. 그리고 선험적·선천적인 형식은 감각적 경험으로부터 자유롭다는 측면에서 보편적이고

필연적인 성격을 가진다. 이제 칸트는 다음과 같이 선언한
다.

인과법칙은 자연적 현실이 아니라 인간이 세계를 보는 방식
이다. 하지만 이 방식은 필연성을 지닌다.

이렇게 해서 현상의 영역에서는 선험적이며 종합적인,
다시 말해 보편타당하며 필연적이고 우리의 인식을 확장시
켜주는 인식체계가 가능해진다.

그러나 현상계에 대한 인식만으로는 우리의 인식욕구
가 모두 충족되지 못한다. 경험과 동시에 발생하는 인식만
존재하는 것은 아니기 때문. 영혼, 세계의 이념, 신의 존재
에 대한 인식 등이 그 예다. 칸트는 이런 것들을 이념이라
고 부르는데, 경험의 대상이 아니므로 어떤 감각적인 내용
도 지니지 않는다. 다만 논리적·이성적으로 알 수 있을 뿐
이다.

칸트가 보기에 이 같은 형이상학적인 작업은 우리의
감각경험에 나타나지 않는 것들에 대해 아무런 감각자료
없이 개념들만 교묘하게 짜 맞춰 만들어낸 것에 불과하다.
한마디로 개념의 유희에 지나지 않는 것이다. 따라서 칸트
는 이런 형이상학을 인식의 영역에서 배제시킨다.

그러면 칸트의 논리가 지니는 의미를 생각해 볼 시점

이 되었다. 그는 "우리가 바라보는 대상이 무엇인가?"란 질문에 앞서 "우리는 무엇을 알 수 있는가?"란 질문을 던짐으로써 인식의 한계와 근거를 확보하고, 인식의 조건으로서 선험적인 형식에 주목한다. 결국 우리는 사물 자체가 아니라 현상에 인식형식을 부여하고, 현상은 이 형식이 부여한 바에 따라 우리에게 나타난다. 이제 우리의 인식형식이 제시한 조건에 따라야 하는 인식은 인식형식이 주도적인 것이 되면서 인식의 주관이 요구하는 형식에 철저히 복종해야 한다. 이렇게 인식형식이 현상에 명령을 내리고 법칙을 부여하는 것이 칸트가 말하는 '코페르니쿠스적 전회'의 의미다.

코페르니쿠스는 종래의 천동설을 뒤집고 지동설을 주장함으로써 인간을 우주의 중심에서 주변부로 내몰았다. 반면, 칸트는 자신의 뒤집기를 통해 그 반대의 임무를 수행한다. 종래의 인식론은 대상이 중심에 있었고 그것을 파악하기 위해 인간이 주위를 맴돌았다면, 이제는 인식하는 인간이 대상세계의 중심에 서게 되는 것이다. 자연의 입법자로서의 지위를 갖춘 채.

▍나는 무엇을 해야 하는가?

칸트는 자신의 도덕철학을 전개할 때도 앞에서와 마찬가지로 한 가지 질문—"나는 무엇을 해야 하는가?"—으로 시작하고, 그 답을 구성해 나간다.

칸트의 묘비에는 "내 위에는 별이 반짝이는 하늘, 내 가슴에는 도덕법칙"이란 구절이 새겨져 있다. 이것을 단순히 "하늘에 별이 빛나듯이 내 가슴에는 도덕법칙이 빛난다" 정도로 해석해야 하는 걸까?

하늘의 별은 천체운동의 법칙, 즉 보편적이고 필연적인 법칙에 따라 운행하는 것일 뿐이다. 우리 인간 역시 이런 법칙의 지배를 받으면서 법칙에 따라 움직이는 것은 당연하겠지만, 단순히 필연성에 종속되는 존재로서 만족하지 못하고 그것을 넘어 자유의 영역을 추구하는 존재로 살기도 한다. 그렇다면 '내 가슴의 도덕법칙'이란 바로 의지의 세계에서 인간이 자유로운 존재로서 도덕적 선을 실현할 수 있음을 말하는 것은 아닐까?

인간이 인간답게 살기 위해서는 도덕적 존재가 되어야 한다. 앞에서 본 것처럼 필연적 법칙에 따르는 세계는 인간이 형식적으로 구성한 현상계이고, 도덕적 의지의 영역은 그것과는 구별되는 사물 자체의 세계다. 칸트는 이제 도덕의 영역인 의지의 세계에서도 인식과 마찬가지로 보편적이고 필연적인 원리가 가능한지를 비판적으로 검토한다.

▌가언명법, 정언명법

　인간의 의지를 이끄는 원리는 무엇이고, 또 어떤 원리
에 따라야 도덕적 행위를 할 수 있을까?

　인간의 의지를 이끄는 원리는 두 가지다. 하나는 그 원
리를 각 개인이 나름대로 정하는 경우이고, 다른 하나는 모
든 개인이 따라야 하는 법칙이다.

　각 개인이 자기 의지를 이끄는 원리를 '준칙'이라고 한
다. 예를 들어, 아침마다 부모님께 문안인사를 드리겠다는
결심은 그 개인에게만 타당할 뿐 남에게 강요할 수는 없는
원칙이다. 그러나 실천이성은 모든 이성적 존재의 의지를
이끄는 보편적이고 필연적인 동시에 실천적인 행위를 이끌
어낼 수 있는 원리를 찾는다. 다시 말해, '선험적이며 종합
적인 실천명제'를 찾는 것이다. 이 원리는 모든 이성적 존
재에게 '마땅히 ~해야 한다'고 요구하고, 실천을 명령하는
법칙이 된다.

　'명령', '요구'라는 형식은 그 자체로 인간이 결코 순
수하게 이성적 존재가 아니란 점을 보여준다. 이성적인 동

시에 감각적 존재인 인간은 현실 속에서 감각적이고 본능적인 욕구와 이성의 요구 사이에서 갈등하고 흔들리게 마련이기 때문에 도덕명령은 욕구와 경향성에 맞서서 도덕적 선을 실현하라는 명령의 형식으로 다가오게 되며, 가언명법과 정언명법이 있다. 가언명법은 "만일 성공하고 싶으면 열심히 공부해라", "건강하려면 운동을 해야 한다"라는 식의 명령이다. 우리가 경험하는 거의 모든 명령법이 가언명법에 해당한다. 반면, 정언명법은 우리가 무엇을 하려고 하는지에 상관없이 무조건 '해야 하는 것'이 무엇인지를 명령한다.

가언명법의 경우, 목적을 나타내는 조건절—~하기 위해, ~하려면—이 먼저 주어지지 않으면 무엇—'~해라'에서의 '~'—을 명령하는지 알 수 없지만, 정언명법에서는 조건절 자체가 없기 때문에 무엇을 명령하는지 곧바로 알 수 있다. 또한 정언명법은 개별 인간의 준칙이 따라야 하는 법칙이면서도, 어떤 조건이나 상위 법칙을 갖지 않는 무조건적인 것이어야 한다. 그리고 우리가 행위할 때 따르는 준칙이 아무런 조건을 제시하지 않는데도 불구하고 반드시 따라야 하는 법칙이 있다면 내용이 아닌 형식의 측면으로 표현될 수밖에 없다.

그렇다면, 어떤 형식이어야 그 안에 담길 내용을 모두 선한 것으로 만들 수 있을까?

자신의 행위를 '어느 누가 하더라도 타당한 것이면 하되, 그렇지 않고 모두가 자기처럼 행위해서는 안 된다면 하지 말라'는 원칙을 생각해 보자. 이것은 바로 나의 행위기준이 다른 모든 사람들에게도 타당한지를 살피는 과정이 된다. 다시 말해, 자신의 행위기준이 보편타당성을 갖도록 하려는 거다. 모든 사람에게 올바른 행위가 나에게도 올바른 행위가 되기 때문에 모두에게 보편적으로 요구되는 행위를 선택하면 된다. 따라서 우리가 찾는 원리는 '자기 행위의 원칙이 보편적 법칙이 되도록 행위하는 것이다.

그러므로 정언명법은 단 하나뿐인데, 그 준칙을 통해서 네가 그것을 동시에 보편적인 법칙으로 삼으려고 할 수 있는 그런 준칙에 따라서만 행위하라.

이 정언명법은 두 가지 다른 형식으로도 표현된다.

"우리 일상적 행위의 주관적 목적은 상대적 가치만을 지닌다. 그 목적을 설정한 사람이 가지고 있는 그 사람만의 욕구가 그 목적을 가치 있게 하기 때문이다. 나아가 인간이 추구하는 것들은 대부분 인간의 본성에 따라서, 즉 인간의 필요나 욕구, 관심에 봉사하는 한에서 가치를 갖는다. 반면에 인간을 포함한 모든 이성적 존재가 갖는 객관적인 목적은 절대적 가치를 갖는 것이어야 한다.

음악이나 기술은 그 자체로 가치가 있는 것이 아니라, 우리 인간에게 중요하기 때문에 가치 있는 것이다. 그렇다면 음악이나 기술을 가치 있는 것으로 추구할 때, 우리는 사실 우리 자신을 중요하게, 가치 있게 생각하고 있는 것이다. 인간이기 때문에 갖는 가치는 다른 모든 상대적인 가치가 그 가치를 얻게 되는 그런 절대적 가치이고, 그렇기 때문에 이성적인 존재로서의 인간이 갖는 객관적인 목적이 된다. 이런 의미에서 인간이 인간 자신을 목적으로 삼는 것은 인간이 행위할 때의 주관적 원칙이기도 하다.

도덕법칙이 우리에게 명령하는 힘을 갖는 이유를 설명하기 위해서는 모든 이성적 존재가 갖는 객관적인 목적이 필요하고 그 객관적인 목적이 바로 인간 그리고 일반적으로 이성적인 존재 모두인 것이다. 따라서 앞서 정언명법은 다음과 같은 형식으로도 표현된다."

—〈도덕형이상학을 위한 기초 놓기〉 이원봉 옮김.

책세상. 168-170쪽 발췌

네가 네 안의 인간성뿐 아니라 다른 모든 사람의 인격 안의 인간성까지 결코 단지 수단으로만 사용하지 말고 언제나 목적으로 사용하도록 그렇게 행위하라.(84쪽)

"어떤 행위가 정언명법에 따르는 도덕적인 것이려면 그 행위의 동기가 자율적이어야 한다. 우리가 자기 아닌 어떤 다른 것

때문에 법칙을 따른다면, 즉 타율적인 동기를 갖는다면, 그 때의 명령법은 가언적 명령이다. 감옥에 가지 않으려면, 천국에 가려면, 고통받지 않으려면 이러이러하게 행위하라고 명령하는 것은 가언적이다. 만약 정언명법이 존재한다면, 따라서 도덕법칙이라는 것이 존재한다면, 인간은 자율적인 동기를 가질 수 있어야 할 것이다. 다시 말해 우리가 의무를 지켜야 하는 이유는 바로 우리 자신이 그 의무를 스스로에게 부여했기 때문이다.

칸트는 이론 철학에서 이성의 법칙이 우리가 세계 안에서 찾아낸 것이 아니라 세계에 부과한 것이라고 말하고, 이러한 사고 방식의 전환을 '코페르니쿠스적 전환'이라고 부른다. 칸트의 이런 사상은 실천 철학에서 '자율성'이란 모습으로 등장한다. 칸트 이전의 도덕철학자들은 도덕성의 원칙, 즉 의무의 근거를 인간 밖에서 찾으려고 했기 때문에 실패할 수밖에 없었다. 의무의 근거는 인간이 갖는 자기 지배의 능력, 즉 자율성에서만 찾을 수 있기 때문이다. 우리는 이성의 법칙을 우리의 행위에 부과하고, 행위를 함으로써 그 법칙을 세계에 부과하는 것이다."(171-174쪽 발췌)

이렇게 해서 도덕법칙의 세 번째 표현양식에 이르게 된다.

의지가 자기의 준칙에 의해 스스로를 동시에 보편적으로 법칙을 주는 것으로 생각할 수 있도록 행위하라.

칸트 사상의 의미
– '자유로워지라'는 의무와 자유

　도덕법칙은 사실의 문제가 아닌 당위의 문제다. 재미난 사실은 우리가 이 도덕법칙의 명령을 따를 수도, 아니면 거부할 수도 있다는 점이다.

　우리는 하늘로 던져진 돌에게 "이제 정점이니까 내려가!"라고 명령하지 않는다. 당연히 "이제 정점이니까 내려가야지"라는 돌의 의지를 볼 수도 없다. 현상세계는 필연적인 자연법칙으로 구성되며, 명령이나 의지는 아무런 의미가 없다. 만약 도덕과 의지의 세계 역시 그런 법칙에 따르는 세계라면 도덕적 명령은 필요 없을 것이다.

　칸트는 '도덕명령이 존재함'에서 인간의 자유가 필연적으로 도출되고, '도덕명령의 존재'가 자유를 인식하는 바탕이 된다고 지적한다. 법칙과 명령이 가능하려면 그것에 따르는 인간이 자유로워야 하고, 자유 없이는 법칙이나 명령도 없다. 이러한 자유를 지닌 인간은 자유롭게 그 법칙을 따르거나 거부할 수 있다. 물론, 법칙을 자유롭게 따라야 바람직하다는 것이 칸트의 견해다. 이 경우, 도덕법칙은 의지의 밖에서 강요되는 타율적인 복종이 아니라 주체가 자발적으로 따른 것이 되면서, 인간은 자유의지를 가진 자율적인 존재가 된다.

의지의 자율성은 인간의 이성적인 면과 감각적인 면을 구분할 때 좀더 분명해진다. 인간이 오로지 이성적이어서 도덕적 의지만 따르는 경우와 이성의 명령에 어긋나는 욕망이나 경향성에 굴복하는 경우를 나누어 살펴보자.

욕망이나 경향성에 굴복하는 인간은 그것들에 복종하지만, 이성적인 인간은 법칙을 세우고 그 법칙에 따른다. 자율은 규범이나 규칙이 자기로부터 나오는 반면, 타율은 자기 밖에서 강제적으로 주어진다. 우리의 의지는 자신이 복종해야 할 법칙을 스스로에게 부여한다.

칸트 이전의 도덕철학은 최고의 선이 무엇인지를 먼저 밝히고 나서 거기에 도달할 수 있는 도덕법칙을 제안해 왔다. 선이란 원리가 1차적이고, 법은 2차적인 구조였던 것. 그러나 이 관계를 역전시킨 칸트에게는 도덕법칙이 먼저 존재하고, 그 법칙을 실천적 이성에서 찾아낸다. 의지가 실천적 이성의 명령에 따라 보편적이고 필연적인 도덕법칙을 받아들이고 따를 때 선이 실현되는 구조로서, 법칙이 선에 의지하는 것이 아니라 선이 법칙에 의존하는 것이다.

곤궁한 처지에 빠진 친구를 돕는 사례를 보자. 우리는 어려운 친구를 도울 때 오늘은 불쌍해서, 내일은 안타까워서, 모레는 서글퍼서 돕다가 그 다음날에는 기분이 너무 좋은 나머지 도울 수도 있다. 이 경우 그 행위의 동기는 불쌍함이나 연민이 되는데, 칸트는 이런 성향이 우리의 도덕성을 이끌면 선이라고 평가하지 않는다. 어떤 행위를 할 때, 자신의 감정이나 조건 경향성이 앞서고 도덕법칙이 그 뒤를 따르는 상황이 아니라 오로지 도덕법칙을 따를 경우에만 선하다고 인정하는 것이다. 그리고 행위를 의무에서 나온 행위, 우연히 의무에 들어맞는 행위, 의무를 따르지 않는 행위로 구분하고, 의무에서 나온 행위만을 도덕적인 행위로 규정한다.

그 결과, 지나칠 정도로 가혹한 칸트의 기준은 많은 비판을 받는다. 대표적인 칸트주의자 실러는 자신의 시에서 칸트의 도덕철학이 지닌 가혹함을 비웃는다.

양심의 가책

나는 기꺼이 벗에게 헌신하지만

그것은 애정에서 하는 일.

그러나 나는 도덕적이 아니다.

그것이 언제나 나의 고민거리.

결심

남의 충고가 있을손가?

너는 애정을 경멸해야 한다.

그리고 의무가 명하는 것을 역겨워하면서 행하여야 한다.

여기서 실러는 구체적인 삶 속에서 얻어지는 정감이나 욕망과 완전히 분리된 형식적 도덕의 추구가 갖는 공허함을 비판하고 있다.

그 밖에 사르트르는 〈실존주의는 휴머니즘이다〉란 저서에서 나치의 저항운동에 참여할지 홀어머니를 부양해야 할지를 놓고 고민하는 청년의 예를 들면서 형식적인 도덕철학의 무력함을 비판하는데, 사실상 이런 비판들은 칸트 철학의 이론구조 그 자체에서 기인한다.

칸트에 따르면, 우리는 의지가 도덕법칙을 따를 때는 자연법칙에 예속되지 않는다. 우리는 스스로 세운 법칙과 의무 안에서 자신을 만드는 자율적 주체이기 때문이다. '하늘의 반짝이는 별들'이 외적인 필연성을 드러낼 뿐이라면, 우리 '가슴속의 도덕률'은 우리에게 그런 세계를 넘어설 수 있는 숭고한 사명을 부여한다. 인간은 현상을 뛰어넘어 도덕적이 되면서 자기답게 되지만, 동시에 현상계에 묶여 감각과 경험 안에서 살아야 한다.

우리 눈은 저 찬란히 빛나는 도덕률을 보지만 두 발은 현상계를 딛고 서 있어야 하는 것이다. 결국 하나일 수밖에 없는 우리 삶의 모습을 둘로 쪼개놓는 순간, 칸트의 도덕법칙은 공허한 형식에 그치거나 아니면 흔히 초월론적 자리가 갖는 흔한 습관으로 이내 초월적 자리가 되어 무서운 폭력으로 돌변할 가능성을 갖는다.

이후 피히테, 셸링, 헤겔, 쇼펜하우어, 니체 등이 다양한 방식으로 칸트 비판에 참여하지만 이들의 근본적인 문제의식은 결국 둘로 쪼개진 삶을 하나로 합치려는 관심에 집중된다.

이처럼 다양한 비판에도 불구하고 칸트의 외침은 여전히 소중하다. 칸트의 도덕철학에서는 도덕법칙이 그보다 높은 어떤 원리에서 나오는 것이 아니라 인간 스스로에게 근거를 둔다는 점이 중요하다. 선은 도덕세계에서 주어지거나 자연으로부터 배우는 것이 아니라 인간이 직접 찾아서 스스로에게 부과한다고 본다. 다시 말해, 도덕법칙을 설정하는 주체는 의지를 지닌 인간, 실천이성에 따르는 인간인 것이다. 인식의 영역에서 인간이 현상을 구성하듯 의지의 세계에서 인간이 도덕세계를 구성하기 때문에 인간이 인간다운 까닭은 도덕법칙을 스스로 정하고 따르는 자유이고, 그 자유가 향하는 목적지는 칸트가 '목적의 나라'라고 부르는 '자신과 더불어 타인을 목적 그 자체로 생각하는 사람들이 함께 살아가는 공동체'다.(정언명법의 두 번째 형식—네가 네 안의 인간성뿐 아니라 다른 모든 사람의 인격 안의 인간성까지 결코 단지 수단으로만 사용하지 말고 언제나 목적으로 사용하도록 그렇게 행위하라.)

그리고 우리는 정언명법의 세 번째 형식—의지가 자기의 준칙에 의해 스스로를 동시에 보편적으로 법칙을 주는 것으로 생각할 수 있도록 행위하라.—에 따라 행위할 때는 스스로를 목적의 나라에서 법칙을 제정하는 입법자로 생각하는 것이다. 칸트는 '다양한 이성적 존재들이 공동의 법칙을 통해 체계적으로 결합하고 있는 것'을 '나라'라고 칭하고, 그런 나라는 일종의 민주공화국이기 때문에 시민들이 외부의 어떤 것으로부터 법칙을 부여받지 않고 모두가 지켜야 할 공동의 법칙을 스스로 제정하고 스스로 복종한다고 규정한다.

실전 연습문제

〈 2007 대입 이화여대 수시 논술 1 〉

다음 글을 읽고 물음에 답하시오.

(가)

　"갑자기 떠나게 되었습니다. 찾아가서 말로써 오늘 제가 먼저 가는 것을 알리고 싶었습니다만 대화란 항상 의외의 방향으로 나가버리기를 좋아하기 때문에 이렇게 글로써 알리는 것입니다. 간단히 쓰겠습니다. 사랑하고 있습니다. 왜냐하면 당신은 제 자신이기 때문에 적어도 제가 어렴풋이나마 사랑하고 있는 옛날의 저의 모습이기 때문입니다. 저는 옛날의 저를 오늘의 저로 끌어다놓기 위하여 갖은 노력을 다하였듯이 당신을 햇볕 속으로 끌어놓기 위하여 있는 힘을 다할 작정입니다. 저를 믿어주십시오. 그리고 서울에서 준비가 되는 대로 소식 드리면 당신은 무진을 떠나서 제게 와주십시오. 우리는 아마 행복할 수 있을 것입니다." 쓰고 나서 나는 그 편지를 읽어봤다. 또 한 번 읽어봤다. 그리고 찢어버렸다.

　덜컹거리며 달리는 버스 속에 앉아서 나는 어디쯤에선가 길가에 세워진 하얀 팻말을 보았다. 거기에는 선명한 검은 글씨로 "당신은 무진읍을 떠나고 있습니다. 안녕히 가십시오"라고 쓰여 있었다. 나는 심한 부끄러움을 느꼈다.

(나)

1990년대 후반 일본에서는 일본의 침략과 식민지 지배의 책임을 부정하는 역사수정주의 운동이 거세게 일어났다. 교육학자인 후지오카 노부가츠 교수, 독일 문학자인 니시오 간지 교수 등을 리더로, 인기 만화가 고바야시 요시노리를 광고탑으로 삼은 이 운동은 난징 대학살과 종군위안부 문제를 국내외의 반일세력에 의한 '날조'라고 주장했다. 그들에 의하면 일본인은 패전에 의해 자국의 근대사를 죄악시하는 '자학사관'을 내면화시켜왔다. 따라서 지금이야말로 '일본인의 긍지'를 되돌려야 하고 자민족 중심의 '국민의 역사'를 회복해야 할 때라고 주장한다. 이 세력은 매스미디어를 교묘히 이용하여 정력적으로 자신들의 주장을 선전하고 있다. 이 때문에 현재 일본에서는 자국의 과거 잘못에 눈을 돌리기 싫어하고, 주변 민족에 대한 반감을 불러일으키는 등 민족주의적인 풍조가 급격하게 확산되고 있다.

(다)

프로이트로 하여금 '죽음에의 충동'을 가정하게 했던 인간의 가학 성향들 중에는 자신에 대해 지나치게 엄격한 규범을 적용하는 유형도 있다. 그 결과 양심의 가책, 즉 경고신호가 시도 때도 없이 울려대는 통에 정신건강이 나빠지기도 한다. 자신의 과거 소행에 대해 엄격한 기준을 들이대고 책망하기 때문에 줄곧 후회·자책·속죄 욕구 같은 자학적 감정에 시달리게 된다. 무엇보다 과거의 일은 변경이 원천적으로 불가능하기 때문에 이 '자책 게임'은 영원히 되풀이된다.

사회심리학에서 말하는 '인상조작'의 관점에서 보면 이러한 자책 게임은 주변을 향해 자신의 높은 도덕수준을 간접적으로 과시하는 일로 해석된다. 인상조작은 자신을 주변에 어떻게 인지시키는가, 하는 목적행동을 말한다. "나는 이렇게 스스로를 책망할 정도로 엄격한 도덕기준을 갖고 있답니다"라고 호소하고 싶은 것이다. 심리학자 애들러에 따르면 자신을 지나치게 책망하는 것은 '자책하고 괴로워하기만 함으로써 적극적으로 살아야 할 의무를 면제 받으려는 술책'으로 해석될 수 있다. 상식을 벗어날 정도로 심한 양심의 가책은 근본을 따져보면 병이거나 비겁함이므로 그리 자랑할 일이 못된다. 결국 양심의 가책은 가끔씩 느껴야 정상이다. 그것이 건전한 초자아를 갖추었다는 증거이고, 자기 인지가 부정확해지지도 않으며, 규범·가치관 면에서도 세상에서 통용되는 범위를 벗어나 극단으로 달리지 않는 길이다.

(라)

죽는 날까지 하늘을 우러러
한 점 부끄럼이 없기를,
잎새에 이는 바람에도
나는 괴로워했다.
별을 노래하는 마음으로
모든 죽어가는 것들을 사랑해야지
그리고 나한테 주어진 길을
걸어가야겠다.

오늘 밤에도 별이 바람에 스치운다.

(마)

진정한 후회는 양심의 가책을 무시하고 자신의 잘못을 합리화하는 게 아니라, 양심에 거리끼는 자신의 행위를 스스로 책망하는 자책의 순간을 갖는 것을 의미한다. 스스로 자기를 책망하는 일은 고통스럽다. 하지만 이런 고통의 순간을 통해서만 사람은 다시 태어날 수 있다. 이렇게 다시 태어나는 일, 즉 인간적 부활은 후회의 감정으로 족하지 않고 자책을 거쳐 참회에 이르러야 가능하다. 후회는 잘못을 뉘우치는 것이지만, 참회는 잘못을 뉘우쳐 마음을 고쳐먹는 단계까지를 의미하기 때문이다. 그러므로 후회는 누구나 다 하지만, 참회는 자기반성의 심한 고통을 스스로 택한 사람만이 할 수 있다.

1. 제시문 [가]의 '나'와 제시문 [나]의 '역사수정주의자'의 차이점을 설명하시오.

2. 제시문 [다]의 입장에서 제시문 [라]의 화자가 보여주는 한계를 비판하시오.

3. 다음 글을 토대로 제시문 [마]의 주장을 비판하시오.

    막스 베버는 심정윤리에 반대하여 책임윤리를 주장하였다. 베버가 공격하는 심정윤리는 행위의 옳고 그름을 구체적 행동결과를 고려하지 않고 오로지 도덕적 의무와의 일치 여부에 따라 판단한다. 반면에 책임윤리는 행동에 미칠 결과와 그에 대한 평가에 기초해서 행위의 옳고 그름을 판단한다. 예를 들어 정치가가 오직 고귀한 심정만을 고수할 뿐 그것이 초래하는 사회적 결과를 고려하지 않는다면 책임윤리는 그러한 태도를 용납하지 않는다.

4. 일제시대 군청 직원이었던 김모 씨는 자신의 지위를 이용하여 자기 딸이 종군위안부로 끌려가는 것을 막았지만 같은 동네에 살던 많은 처녀들이 잡혀가는 것을 막을 수는 없었다. 이에 대해 지금도 그는 참회의 눈물을 흘리고 있다. 이러한 김모 씨의 반성을 어떻게 평가할 수 있는지 주어진 제시문들을 모두 활용하여 논술하시오.(500자 내외)

다음 글을 읽고 물음에 답하시오.

(가)

　　유용성의 원칙이란 모든 행위를 이해집단의 행복을 얼마나 증가 또는 감소시키느냐에 따라 인정하거나 인정하지 않는 원칙이다. 다시 말하면 행복을 촉진하느냐 혹은 방해하느냐에 따라 판단하는 것이다. '모든 행위'라는 것은 일반 개인의 행위뿐만 아니라 정부의 모든 정책까지도 포함하는 개념이다.

　　유용성이란 이익이나 장점, 기쁨, 선, 행복을 주거나, 이해관계에 있는 집단을 재앙이나 고통, 악, 불행으로부터 막아주는 사물의 속성을 말한다. 만약 집단이 보편적인 사회 공동체라면 사회 공동체의 행복이 기준이 되고, 특정 개인이라면 개인의 행복이 기준이 된다.

　　유용성의 원칙에 맞는 행위란 꼭 행해야 할 행동이거나, 혹은 적어도 해서는 안 될 행동이 아니라고 말할 수 있다. 이러한 행위가 최대 다수에게 최대 행복을 보장하는 최선의 행위이다.

─벤덤 〈도덕과 입법의 원리 서설〉

(나)

　　할 수 있는 한 자선을 베푸는 것은 의무인데, 그에 더해서 동정심을 잘 느끼는 사람들도 많다. 그들은 허영심이나 자신의 이익이라는 다른 동기 없이도 주위에 기쁨이 퍼져나가는 것을 내심 즐거워하며, 자기가 한 일로 다른 사람이 만족하는 것에 흥겨워할 수 있는 사람이다. 하지만 나는 그와 같은 행위의 경우, 그 행위가 아무리 '의무에 맞고' 또 아무리 사랑스럽다 해도 참된 도덕적 가치는 없으며, 오히려 다른 경향성, 예를 들어 명예에 대한 경향성 같은 것과 짝을 이룬다고 주장한다. 그런 경향성은 다행스럽게도 실제로 모두에게 이익을 주며 '의무에 맞고' 따라서 명예스러운 것을 만난다면 칭찬과 격려를 받을 만하지만, 높은 평가를 받을 만하지는 않다. 왜냐하면 그 준칙에는 도덕적인 내용, 즉 경향성 때문이 아니라 '의무이기 때문에' 하는 행위가 빠져 있기 때문이다. 그렇다면 앞에 나온 박애주의자의 기분이 슬픔으로 흐려져 다른 사람의 운명에 대한 동정심이 모두 사라졌고, 그래서 아직은 다른 불쌍한 사람들을 도울 재산이 있음에도 자신의 곤궁에만 너무 몰두한 나머지 타인의 곤궁에 마음이 움직이지 않는다고 해보자. 이제 더 이상 남을 돕고 싶은 경향성이 생기지 않을 텐데도, 그 사람이 이 지독한 무관심을 떨쳐버리고 아무런 경향성 없이, 단지 '의무이기 때문에' 행위를 한다면, 그때에야 비로소 그 행위는 참된 도덕적인 가치를 지니게 된다.

—칸트 〈도덕형이상학을 위한 기초 놓기〉

(다)

　옛날에 진나라 대부 조간자(趙簡子)가 말몰이꾼인 왕량(王良)에게 명하여 총애하는 신하 해(奚)의 마차를 몰고 사냥을 나가게 했는데, 종일토록 새 한 마리도 잡지 못했다. 그러자 해는 조간자에게 보고하기를 "왕량은 천하에 쓸모없는 말몰이꾼입니다" 하고 말하였다. 어떤 이가 이 말을 왕량에게 전하자, 왕량은 "다시 한 번 마차를 몰게 해주십시오" 하고 무리하게 간청해서 경우 승낙을 받았다. 그런데 이번에는 하루아침에 새를 열 마리나 잡았다. 그러자 해는 기뻐서 조간자에게 보고하기를 "왕량은 알고 보니 천하에서 가장 훌륭한 말몰이꾼입니다" 하고 말하였다. 이에 조간자는 "그렇다면 앞으로 왕량으로 하여금 너의 마차를 몰도록 해주겠다" 하고, 왕량에게 그렇게 하도록 분부했다. 그러나 왕량은 거절하며 말하기를 "제가 해를 위해 마차를 법도에 맞게 몰아주면 그는 종일토록 한 마리도 잡지 못했습니다. 그러나 법도를 무시하고 교활한 방법으로 몰아주면, 그는 하루아침에 새를 열 마리나 잡았습니다. 시경에 이르기를 "마차를 법도에 맞게 몰면 화살을 쏘아 목표물을 명중시킴이 마치 꿰뚫는 듯하도다"고 했습니다. 저는 해와 같은 소인의 마차를 몰아주는 데는 익숙지 않으므로 제발 그만두게 해주십시오."

—孟子 '등문공(文公)'

(라)

자공이 공자에게 물었다.

"관중은 자기의 주군을 따라 죽지 못했으니 인한 사람(仁者)이 아니지 않습니까?"

공자가 대답했다.

"관중이 환공을 도와서 패자(覇者)가 되게 하고 천하를 한번 바로 잡았으니, 백성들은 아직까지도 그 은혜를 입고 있다. 만약 관중이 없었던들 우리는 머리를 풀어헤치고 옷깃을 왼편으로 여미는 오랑캐의 풍습을 좇게 되었을 것이다."

—論語 '헌문(憲問)'

[논제1]

제시문 (가) ~ (라)를 윤리적 관점에 따라 둘로 분류하고, 같은 관점을 담고 있는 제시문끼리 묶어서 요약하시오.(350 ~ 450자, 20점)

[논제2]

제시문에 나타난 두 가지 윤리관 중 하나의 입장을 선택하여 그 입장을 옹호하는 논변을 펼치시오.(그 과정에 반드시 다른 입장에 대한 비판을 포함할 것)

미국에서 1억부 이상 판매된 기적의 논술가이드
클리프노트가 한국에 상륙했다!!

방대한 고전을 하루만에 독파하는 스피드
다락원 명작노트 CliffsNotes™ 시리즈는

▶ 미국대학위원회, 서울대, 연·고대 추천 고전을 알기 쉽게 재구성한 대한민국 대표 논술교과서 입니다. ▶ 작품의 핵심내용과 사상, 역사적 배경, 심볼, 작가의 의도 등을 명확하게 정리하여 방대한 원 작을 쉽고 빠르게 이해할 수 있게 해줍니다. ▶ 미국에서 리포트, 논술용으로 1억 부 이상 팔린 초베스트 셀러의 명성에 비평적 사고와 논리적 글쓰기의 모델을 제시하는 〈一以貫之〉의 논술 노트를 통해 사고 능력, 읽기 능력, 쓰기 능력을 체계적으로 길러줍니다.

★ 〈一以貫之〉 논술연구모임: 대입 논술이 시작될 때부터 학원과 학교에서 논술을 가르쳐온 전문가들의 모임입 니다. 현재 서울·분당·평촌·인천·광주·부산·울산 등의 유명 학원과 고등학교의 논술강의 현장에서 학생들이 '자신의 물음'과 '자신의 생각'을 갖고 '자신의 글'을 쓸 수 있도록 도와주고 있습니다.

다락원 명작노트 CliffsNotes™ 시리즈 50권 출간

001 걸리버 여행기 002 동물농장 003 허클베리 핀의 모험 004 호밀밭의 파수꾼 005 구약 성서

006 신약 성서 007 분노의 포도 008 빌러비드 009 이반 데니소비치의 하루 010 카라마조프 가의 형제들

011 순수의 시대 012 안나 카레니나 013 멋진 신세계 014 캉디드 015 캔터베리 이야기 016 죄와 벌

017 크루서블 018 몽테크리스토 백작 019 데이비드 코퍼필드 020 프랑켄슈타인 021 신곡

022 막대한 유산 023 햄릿 024 어둠의 심연 外 025 일리아드 026 진지함의 중요성 027 제인 에어

028 앵무새 죽이기 029 리어 왕 030 파리대왕 031 맥베스 032 보바리 부인 033 모비딕

034 오디세이 035 노인과 바다 036 오셀로 037 젊은 예술가의 초상 038 주홍 글씨 039 테스

040 월든 041 워더링 하이츠 042 레미제라블 043 오만과 편견 044 올리버 트위스트 045 돈키호테

046 1984년 047 이방인 048 율리시스 049 실낙원 050 위대한 개츠비

작가 노트 | 작가에 대해 꼭 알아야 할 배경지식이 담겨 있습니다.

작품 노트 | 작품의 개요, 전체 줄거리, 등장인물 등 작품 전반을 이해하는 데 필수적인 부분을 실어 놓았습니다.

Chapter별 정리 노트 | 각 장의 '줄거리'와 '풀어보기'가 들어 있습니다. '줄거리'에서는 원작의 내용을 명쾌하게 파악할 수 있습니다. '풀어보기'에서는 원작에 담긴 문학적 경향, 주제, 상징 등을 다루었습니다.

인물분석 노트 | 등장인물에 대한 보다 면밀한 분석이 들어 있습니다.

마무리 노트 | 작품의 주제 등 보다 넓은 시각에서 작품을 볼 수 있도록 도와줍니다.

Review | 작품 이해도를 묻는 질문 코너입니다. 다양한 질문에 답하다 보면 작품에 대한 포괄적이고 의미 있는 파악이 가능해집니다.

一以貫之 논술 노트 | 권말에는 일이관지 논술연구모임에서 작성한 해당 작품과 관련한 논술 노트가 실려 있습니다. 원작을 우리의 삶과 연계시켜 비판적 사고와 논리적 글쓰기의 방향을 제시합니다.

실전 연습문제 | 해당 작품을 바탕으로 출제 가능성이 높은 논점을 함께 숙고해 봅니다.

★ 변형 국판   ★ 각권 8,500원

CliffsNotes
죄와 벌
Crime and Punishment

CliffsNotes
신곡 : 지옥편
Divine Comedy: Inferno

CliffsNotes
햄릿
Hamlet

CliffsNotes
노인과 바다
The Old Man and the Sea

CliffsNotes
돈키호테
Don Quixote

〈행복한 명작 읽기〉는 기초가 약한 영어 초급자나 초, 중, 고 학생들이
보다 즐겁고 효과적으로 명작들을 읽으며 독해력을 키울 수 있도록 개발된
독해력 증강 프로그램입니다.

국판 | Grade 1, 2, 3 각권 **6,000원**(오디오 CD 1개 포함)
Grade 4, 5 각권 **7,000원**(오디오 CD 1개포함)
*어린왕자 8,000원(오디오 CD 2개 포함)
**고도를 기다리며 9,000원(오디오 CD 2개 포함)

책의 특징

1 골라 읽는 재미가 있다. 초보자를 위한 350단어 수준에서 중고급자를 위한 1,000단어 수준까지 5단계 구성.

2 단계별로 효과적인 영어 읽기 요령과 영문 고유의 참맛을 느낄 수 있는 장치가 곳곳에.

3 읽기만 해도 영어의 키가 쑥쑥 – 해석을 돕는 돼지꼬리(～), 영어표현 및 문법 설명, 퀴즈가 왕창.

4 체계적인 듣기 학습까지. 전문 미국 성우들의 생동감 넘치는 원음을 담은 오디오 CD 제공.

Grade 1 Beginner	**Grade 2** Elementary	**Grade 3** Pre-intermediate	**Grade 4** intermediate	**Grade 5** Upper-intermediate
350words	**450**words	**600**words	**800**words	**1000**words
1 미녀와 야수	11 이솝 이야기	21 톨스토이 단편선	31 오페라 이야기	41 센스 앤 센서빌리티
2 인어공주	12 큰 바위 얼굴	22 크리스마스 캐럴	32 오페라의 유령	42 노인과 바다
3 크리스마스 이야기	13 빨간머리 앤	23 비밀의 화원	33 어린 왕자*	43 위대한 유산
4 성냥팔이 소녀 외	14 플랜더스의 개	24 헬렌 켈러, 나의 이야기	34 돈키호테	44 셜록 홈즈 베스트
5 성경 이야기 1	15 키다리 아저씨	25 베니스의 상인	35 안네의 일기	45 포 단편선
6 신데렐라	16 성경 이야기 2	26 오즈의 마법사	36 고도를 기다리며**	46 드라큘라
7 정글북	17 피터팬	27 이상한 나라의 앨리스	37 투명인간	47 로미오와 줄리엣
8 하이디	18 행복한 왕자 외	28 로빈 후드	38 오 헨리 단편선	48 주홍글씨
9 아라비안 나이트	19 몽테크리스토 백작	29 80일 간의 세계 일주	39 레 미제라블	49 안나 카레니나
10 톰 아저씨의 오두막	20 별 | 마지막 수업	30 작은 아씨들	40 그리스 로마 신화	50 나에겐 꿈이 있습니다 -명연설문 모음

쉬운 영문을 통해 영어 독해에
대한 막연한 두려움을 없앤다

실력에 맞게 효과적으로 끊어
읽으며 직독직해 훈련을 한다.

영문판 원서 도전을 위한
전 단계의 준비과정이다.

왕초보 기초다지기　　　　**실력 굳히기**　　　　**영어의 맛**
제대로 느끼기